楚尘
文化
Chu Chen

北京楚尘文化传媒有限公司 出品

記丁玲

沈从文别集

沈从文 著

中信出版集团 · 北京

图书在版编目（CIP）数据

记丁玲 / 沈从文著. -- 北京：中信出版社，
2017.2
（沈从文别集）
ISBN 978-7-5086-6875-8

Ⅰ. ①记… Ⅱ. ①沈… Ⅲ. ①丁玲（1904-1986）－
生平事迹 ②散文集－中国－现代 Ⅳ. ①K825.6 ②I266

中国版本图书馆CIP数据核字(2016)第256220号

记丁玲

著　　者：沈从文
出版发行：中信出版集团股份有限公司
（北京市朝阳区惠新东街甲4号富盛大厦2座　邮编　100029）
承 印 者：北京华联印刷有限公司

开　　本：787mm×1092mm　1/32　　印　　张：10　　字　　数：138千字
版　　次：2017年2月第1版　　印　　次：2017年2月第1次印刷
书　　号：ISBN 978-7-5086-6875-8　　广告经营许可证：京朝工商广字第8087号
定　　价：36.00元

图书策划：楚尘文化

再版序

上个世纪五十年代，不少喜爱文学的读者迷上了契诃夫，这跟平明出版社接连推出27册汝龙翻译的《契诃夫小说选集》直接有关。

那时我家至少有三个契诃夫迷：做文学编辑的母亲、哥哥和我。谈论哪篇小说怎么怎么好，是不倦的话题。已经退出文坛改了行的父亲不参与，只有时微笑着对外人说："家里有三个契诃夫的群众。"

汝龙译的这套选集可贵之处，首先在于对作品的精选；第二是选进一些契诃夫的书信、札记，别人对他的回忆、评论等，分编到不同集子里，这些文字拉近了读者和作者的距离，是汝龙先生锦上添花的贡献。

到1992年编选《沈从文别集》的时候，我们自然想到从平明版《契诃夫小说选集》取法。这也是父亲的愿望，尽管他不参与“契诃夫群众”的热情讨论，汝龙这套译本的长处他胸中有数。

我问过父亲汝龙为什么常赠送新书，他只简单说：“是朋友。”

母亲的补充才说清楚：“他翻译的那套英文契诃夫小说是我送的。”

据我充和四姨回忆，1932年暑假，一个“说是由青岛来的，姓沈，来看张兆和的”羞涩客人，初次登苏州张家门，带的一大包礼物“全是英译精装本的俄国小说”。加尼特夫人的一套英译《契诃夫小说集》就在其中。

不懂外文的沈从文怎么买洋书？四姨说那是过上海时托巴金选购的。

父亲曾希望母亲朝文学翻译方面发展，送这样礼物包含着鼓励。愿望虽然没实现，礼物却终于转到最合适的人手里，促成被誉为契诃夫小说“最佳译本”的产生。朋友的成就四十年后启发着《沈从文别集》的编选工作。

当本书再版之际，我们感谢与它有缘分的几位文学前辈，也要感谢为我们想出《沈从文别集》总书名的汪曾祺先生。

沈虎雏

总 序

从文生前，曾有过这样愿望，想把自己的作品好好选一下，印一套袖珍本小册子。不在于如何精美漂亮，不在于如何豪华考究，只要字迹清楚，款式朴素大方，看起来舒服。本子小，便于收藏携带，尤其便于翻阅。八十年代初，有一家书店曾来联系过，也曾请人编了一套，交付出去。可是，落空了，未能实现。我一直认为是一件憾事。

现在湖南岳麓书社要为从文出书，我同虎雏商量，请吉首大学沈从文研究室合作，编选这么一套。这套选本和以前选法编法不同。我们在每本小册子前面，增加一些过去旧作以外的文字。有杂感，有日记，有检查，有未完成的作品，主要是书信——都是近年搜集整理出来的，大部分未发表过。不管怎样，这些篇章，或反映作者当时对社会、对文艺创作、对文史研究……的一些看法，或反映作者当时的处境，以及内心矛盾哀乐苦闷，把它们发表出来，容或有助于读者从较宽的角度对他的作品、对他的为人以及对当时的环境背景有进一步了解。

出这套书，当然，同时也了却死者和生者的一点心愿。

张兆和

一九九一年十一月二十九日

目 录

代序

巴金：怀念从文

一

今年5月10日从文离开人世，我得到他夫人张兆和的电报后想起许多事情，总觉得他还同我在一起，或者聊天，或者辩论。他那温和的笑容一直在我眼前。隔一天我才发出回电："病中惊悉从文逝世，十分悲痛。文艺界失去一位杰出的作家，我失去一位正直善良的朋友，他留下的精神财富不会消失。我们三十、四十年代相聚的情景还历历在目。小林因事赴京，她将代我在亡友灵前敬献花圈，表达我感激之情。我永远忘不了你们一家。请保重。"都是些极普通的话。没有一滴眼泪，悲痛却在我的心里，我也在埋葬自己的一部分。那些充满信心的欢聚的日子，那些奋笔和辩论的日子都不会回来了。这些年我们先后遭逢了不同的灾祸，在泥泞中挣扎，他改了行，在长时间的沉默中，取得卓越的成就。我东奔西跑，唯唯诺诺，羡慕枝头欢叫的喜鹊，只想早日走尽自我改造的道路。得到的却是十年一梦，床头多了一盒骨灰。现在大梦初醒，却仿佛用尽全身力气，不得不躺倒休息。白白地望着远方灯火，我仍然想奔赴光明，奔赴希望。我还想求助于一些朋友，从文也是其中的一位，我真想有机会同他畅谈！这个时候突然得到他逝世的噩耗，我才明白过去那一段生活已经和亡友一起远去了。我的唁电表达的就是一个老友的真实感情。

一连几天，我翻看上海和北京的报纸，我很想知道一点从文最后的情况。可是日报上我找不到这个敬爱的名字。后来才读到新华社郭玲春同志简短的报导，提到女儿小林代我献的花篮，我认识郭玲春，却不理解她为什么这样吝惜自己的笔墨，难道不知道这位热爱人民的善良作家的最后牵动着全世界多少读者的心？！可是连这短短的报道多数报刊也没有采用。小道消息开始在知识界中流传。这个人究竟是好是病，是死是活，他不可能像轻烟散去，未必我得到噩耗是在梦中？！一个来探病的朋友批评我："你错怪了郭玲春，她的报道没有受到重视，可能因为领导不曾表态，人们不知道用什么规格发表讣告、刊载消息。不然大陆以外的华文报纸刊出不少悼念文章，惋惜中国文坛巨大的损失，而我们的编辑怎么能安心酣睡，仿佛不曾发生任何事情？！"

我并不信服这样的论断，可是对我谈论规格学的熟人不止他一个，我必须寻找论据答复他们。这个时候小林回来了，她告诉我她从未参加过这样感动人的告别仪式。她说没有达官贵人，告别的只是些亲朋好友。厅子里播放死者生前喜爱的乐曲。老人躺在那里，十分平静，仿佛在沉睡，四周几篮鲜花，几盆绿树。每个人手中拿一朵月季，走到老人跟前，行了礼，将花放在他身边。没有哭泣没有呼唤，也没有噪音惊醒他。人们就这样安静地跟他告别，他就这样坦然地远去。小林说不出这是一种什么规格的告别仪式，她只感觉到庄严和真诚。我说正是这样，他走得没有牵挂、没有遗憾，从容地消失在鲜花和绿树丛中。

二

100多天过去了。我一直在想从文的事情。

我和从文见面在1932年。那时我住在环龙路我舅父家中。南京《创作月刊》的主编汪曼铎来上海组稿，一天中午请我在一家俄国西菜社吃中饭，除了我还有一位客人，就是从青岛来的沈从文。我去法国之前读过他的小说，1928年下半年在巴黎，我几次听见胡愈之称赞他的文章，他已经发表了不少的作品。我平日讲话不多，又不善于应酬。这次我们见面谈了些什么，我现在毫无印象，只记得谈得很融洽。他住在西藏路上的一品香旅社，我同他去那里坐了一会，他身边有一部短篇小说集的手稿，想找个出版的地方，也需要用它换点稿费。我陪他到闸北新中国书局，见到了我认识的那位出版家，稿子卖出去了，书局马上付了稿费。小说过四五个月印了出来，就是那本《虎雏》。他当天晚上去南京，我同他在书局门口分手时，他要我到青岛去玩，说是可以住在学校的宿舍里。我本来要去北平，就推迟了行期，9月初先去青岛，只是在动身前写封短信通知他。我在他那里过得很愉快，我随便，他也随便，好像我们有几十年的交往一样。他的妹妹在山东大学念书，有时也和我们一起出去走走、看看。他对妹妹很友爱，很体贴，我早就听说，他是自学出身，因此很想在妹妹的教育上多下功夫，希望她熟习他自己想知道却并不很了解的一些知识和事情。

在青岛他把他那间屋子让给我，我可以安静地写文章、写信，也可以毫无拘束地在樱花林中散步。他有空就来找我，我们有话就交谈，无话便沉默。他比我讲得多些，他听说我不喜欢在公开场合讲话，便告诉我他第一次在大学讲课，课堂里坐满了学生，他走上讲台，那么多年青的眼睛望着他，他红着脸，一句话也讲不出来，只好在黑板上写了五个字："请等五分钟。"他就是这样开始教课的。他还告诉我在这之前，他每个月要卖一部稿子养家，徐志摩常常给他帮忙，后来，他写多了，卖稿有困难，徐志摩便介绍他到大学教书，起初到上海中国公学，以后才到青岛大学。当时青大的校长是小说《玉君》的作者杨振声，后来他到北平工作，还是和从文在一起。

在青岛我住了一个星期。离开的时候，他知道我要去北平，就给我写了两个人的地址，他说到北平可以去看这两个朋友，不用介绍只提他的名字，他们就会接待我。

在北平我认识的人不多，我也去看望了从文介绍的两个人，一位姓程，一位姓夏；一位在城里工作，业余搞点翻译。一位在燕京大学教书。一年后我再到北平，还去燕大夏云的宿舍里住了十几天，写完了中篇小说《电》。我只说是从文介绍，他们待我十分亲切。我们谈文学，谈得更多的是从文的事情，他们对他非常关心。以后我接触到更多的从文的朋友，我注意到他们对他都有一种深的感情。

在青岛我就知道他在恋爱。第二年我去南方旅行，回到上海，得到从文和张兆和在北平结婚的消息，我发去贺电，祝他们“幸福无量”。从文来信要我到他的新家作客。在上海我没有事情，决定到北方去看看。我先去天津南开大学，同我哥哥李尧林一起生活了几天，便搭车去北平。

我坐人力车去府右街达子营，门牌号数记不起来了，总之，顺利地到了沈家。我只提了一个藤包，里面一件西装上衣、两三本书和一些小东西。从文带笑地紧紧握着我的手说："你来了。"就把我接进客厅。又介绍我认识他的新婚夫人，他的妹妹也在这里。

客厅连接一间屋子，房内有一张书桌和一张床，显然是主人的书房。他把我安顿在这里。

院子小，客厅小，书房也小，然而非常安静，我住得很舒适。正房只有小小的3间，中间那间又是饭厅，我每天去3次就餐，同桌还有别的客人，都让我坐上位，因此感到一点拘束。但是除了这个，我在这里完全自由活动，写文章看书，没有干扰，除非来了客人。

我初来时从文的客人不算少，一部分是教授、学者，另一部分是作家和学生。他不在大学教书了。杨振声到北平主持一个编教科书的机构，从文就在这机构里工作，每天照常上、下班，我只知道朱自清同他在一起。这个时期，他还为天津《大公报》编辑《文艺》副刊，为了写稿和副刊的一些事情，经常有人来同他商谈。这些已经够他忙了，可是他还有一件重要的工作：天津《国闻周报》上的连载《记丁玲》。

根据我当时的印象，不少人焦急地等待看每一周的《国闻周报》。这连载是受到欢迎、得到重视的。一方面人们敬爱丁玲，另一方面从文的文章有独特的风格，作者用真挚的感情讲出读者心里的话。丁玲几个月前被捕，我从上海动身时，《良友文学丛书》的编者赵家璧委托我向从文组稿，他愿意出高价得到这部“好书”，希望我帮忙，不让别人把稿子拿走。我办到了，可是出版界的形势越来越恶化，赵家璧拿到全稿，已无法编入丛书排印，过一两年，他花几百元买下一位图书审查委员的书稿，算是行贿，《记丁玲》才有机会作为《良友文学丛书》见到天日。可是删削太多，尤其是后半部那么多的××！以后也没有能重版，更谈不上恢复原貌了。

55年过去了，从文在达子营写连载的事，我还不曾忘记，写到结尾他有些紧张，他不愿辜负读者的期待，又关心朋友的安危，交稿期到，他常常写作通宵。他爱他的老友，他不仅为她呼吁，同时也在为她的自由奔走。也许这呼吁、这奔走没有多大用处，但是他尽了全力。

最近我意外地找到1944年12月14日写给从文的信，里面有这样的话：“前两个月我和家宝常见面，我们谈起你，觉得在朋友中待人最好、最热心帮忙人的只有你，至少你是第一个。”这是真话。

我记不起我是在什么情形里写下这一段话。但这的确是真话。在 1934 年也是这样，在 1985 年我最后一次看见他，他在家养病，假牙未装上，讲话不清楚。几年不见他，有一肚皮的话要说，首先就是 1944 年 12 月信上那几句。但是望着病人的浮肿的脸，坐在堆满书的小房间里，我觉得有什么东西堵塞了咽喉，我仿佛回到了 1934 年、1933 年。多少人在等待《国闻周报》上的连载，他那样勤奋工作，那样热情写作。《记丁玲》之后又是《边城》，他心爱的家乡的风景和他关心的小人物的命运，这部中篇经过几十年并未失去它的魅力，还鼓舞美国的学者长途跋涉，到美丽的湘西寻找作家当年的脚迹。

我说过，我在从文家作客的时候，他编辑的《大公报 · 文艺》副刊和读者见面了。单是为这个副刊他就要做三方面工作：写稿、组稿、看稿。我也想得到他的忙碌，但从未听见他诉苦。我为《文艺》写过一篇散文，发刊后我拿回原稿。这手稿我后来捐赠北京图书馆了。我的钢笔字很差，墨水浅淡，只能说是勉强可读，从文却用毛笔填写得清清楚楚。我真想谢谢他，可是我知道他从来就是这样工作，他为多少年青人看稿、改稿，并设法介绍出去。他还花钱刊印一个青年诗人的第一本诗集并为它作序。不是听说，我亲眼见到那本诗集。

从文就是这样一个人。他不喜欢表现自己。可是我和他接触较多，就看出他身上有不少发光的东西。不仅有很高的才华，他还有一颗金子般的心。他工作多，事业发展，自己并不曾得到什么报酬，反而引起不少的吱吱喳喳。那些吱吱喳喳加上多少年的小道消息，发展为今天所谓的争议，这争议曾经一度把他赶出文坛，不让他给写进文学史。但他还是默默地做他的工作（分派给他的新的工作）。在极端困难的条件下，一样地做出出色的成绩。我接到从香港寄来的那本关于中国服装史的大书，一方面为老友新的成就感到兴奋，一方面又痛惜自己浪费掉的几十年的光阴。我想起来了，就是在他那个新家的客厅里，他对我不止讲过一次这样的话："不要浪费时间。"后来他在上海对我、对靳以、对萧乾也讲过类似的话。我当时并不同意，不过我相信他是出于好心。

我在达子营沈家究竟住了两个月或三个月，现在讲不清楚了。这说明我的病（帕金森氏综合症）在发展，不少的事逐渐走向遗忘。所以有必要记下不曾忘记的那些事情。不久靳以为文学季刊社在三座门大街 14 号租了房子，要我同他一起搬过去，我便离开了从文家。在靳以那里一直住到第二年 7 月。

北京图书馆和北海公园都在附近，我们经常去这两处。从文非常忙，但在同一座城里，我们常有机会见面，从文还定期为《文艺》副刊宴请作者。我经常出席。他仍然劝我不要浪费时间，我发表的文章他似乎全读过，有时也坦率地提些意见，我知道他对我很关心，对他们夫妇，我只有好感，我常常开玩笑地说我是他们家的“食客”，今天回想起来，我还感到温暖。1934 年《文学季刊》创刊，兆和为创刊号写稿，她的第一篇小说《湖畔》受到读者欢迎。她惟一的短篇集后来就收在我主编的《文学丛刊》里。

三

我提到坦率，提到真诚，因为我们不把话藏在心里，我们之间自然会出现分歧，我们对不少的问题都有不同的看法。可是我要承认我们有过辩论，却不曾有争论，我们辩是非，并不争胜负。

在从文和萧乾的书信集《废邮存底》中还保存着一封他给我的长信《给某作家》(1937 年)。我 1935 年在日本横滨编写的《点滴》里也有一篇散文《沉落》是写给他的。从这两封信就可以看出我们间的分歧在什么地方。

1934 年我从北平回上海，小住一个时期，动身去日本前为《文学》杂志写了一个短篇《沉落》。小说发表时我已到了横滨。从文读了《沉落》非常生气，写信来质问我："写文章难道是为着泄气？！"我也动了感情，马上写了回答。我承认"我写文章没有一次不是为着泄气。"

他为什么这样生气？因为我批评了周作人一类的知识分子。周作人当时是《文艺》副刊的一位主要撰稿人。从文常常用尊敬的口气谈起他。其实我也崇拜过这个人，我至今还喜欢读他的一部分文章，从前他思想开明，对我国新文学的发展有过大的贡献。可是当时我批判的、我担心的并不是他的著作，而是他的生活，他的行为。从文认为我不理解周，我看倒是从文不理解他。可能我们两人对周都不理解，但事实是：他终于做了为侵略者服务的汉奸。

回国以后，我还和从文通过几封长信继续我们这次的辩论，因为我又发表过文章，针对另外一些熟人，譬如对朱光潜的批评，后来我也承认自己有偏见、有错误。从文着急起来，他劝我不要“那么爱理会小处”，“莫把感情火气过分糟蹋到这上面。”他责备我：“什么米大的小事如 ××× 之类的闲言小语也使你动火，把小东小西也当成了敌人”，还说：“我觉得你感情的浪费真极可惜。”

我记不起我怎样回答他，因为我那封留底的长信在“文革”中丢失了，造反派抄走了它，就没有退回来。但我记得我想向他说明我还有理性，不会变成狂吠的疯狗。我写信，时而非常激动，时而停笔发笑，我想他有可能担心我会发精神病。我不曾告诉他，他的话对我是连声的警钟，我知道我需要克制，我也懂得他所说的“在一堆沉默日子里讨生活”的重要。我称他为“敬爱的畏友”，我衷心地感谢他。当然我并不放弃我的主张，我也想通过辩论说服他。

我回国那年年底又去北平，靳以回天津照料母亲的病，我到三座门大街结束《文学季刊》的事情，给房子退租。我去了达子营从文家，见到从文伉俪，非常亲热。他说：“这一年你过得不错嘛。”他不再主编《文艺》副刊，把它交给了萧乾，他自己只编辑《大公报》的《星期文艺》，每周出一个整版。他向我组稿，我一口答应，就在 14 号的北屋里，每晚写到深夜，外面是严寒和静寂。北平显得十分陌生，大片乌云笼罩在城市的上空，许多熟人都去了南方。我的笔拉不回两年前同朋友们欢聚的日子，屋子里只有一炉火，我心里也在燃烧，我写，我要在暗夜里叫号。我重复着小说中人物的话：“我不怕……因为我有信仰。”

文章发表的那天下午我动身回上海，从文、兆和到前门车站送行。“你还再来吗？”从文微微笑，紧紧握着我的手。我张开口吐出一个“我”字，声音就哑了，我多么不愿意在这个时候离开他们！我心里想：“有你们在，我一定会再来”。

我不曾失信，不过我再来时已是14年之后，在一个炎热的夏天，城市充满阳光，北平解放了。

四

抗战期间萧珊在西南联大念书，1940年我从上海去昆明看望她，1941年我又从重庆去昆明，在昆明过了两个暑假。

从文在联大教书，为了躲避敌机轰炸，他把家迁往呈贡，兆和同孩子们都住在乡下。我们也乘火车去过呈贡看望他们。那个时候没有教师节，教书老师普遍受到轻视，连大学教授也难使一家人温饱，我曾经说过两句话：“钱可以赚到更多的钱。书常常给人带来不幸。”这就是那个社会的特点。他的文章写得少了，因为出书困难；生活水平降低了，吃的、用的东西都在涨价。他不叫苦，脸上始终露出温和的微笑。我还记得在昆明一家小饮食店里几次同他相遇，一两碗米线作为晚餐，有西红柿，还有鸡蛋，我们就满足了。

在昆明我们见面的机会不多，但是我们不再辩论了，我们珍惜在一起的每时每刻，我们同游过西山龙门，也一路跑过警报，看见炸弹落下后的浓烟，也看到血淋淋的尸体。过去一段时期他常常责备我："你总说你有信仰，你也得让别人感觉到你的信仰在哪里。"现在我也感觉到他的信仰在什么地方，只要看到他脸上的笑容或者眼里的闪光，我觉得心里更踏实，离开昆明后3年中，我每年都要写信求他不要放下笔，希望他多写小说。我说，"我相信我们这个民族的潜在力量"；又说，"我极赞成你那埋头做事的主张。"没有能再去昆明，我更想念他。

他并不曾搁笔，可是作品写得少。他过去的作品早已绝版，读到的人不多。开明书店愿意重印他的全部小说，他陆续将修订稿寄去。可是一部分底稿在中途遗失，他叹息地告诉我，丢失的稿子偏偏是描写社会疾苦的那一部分，出版的几册却都是关于男女事情的。"这样别人更不了解我了。"

最后一句不是原话，他也不仅说一句，但大意是如此。抗战前他在上海《大公报》发表过批评海派的文章引起强烈反感。在昆明他的某些文章又得罪了不少的人。

因此常有对他不友好的文章和议论出现。他可能感到一点寂寞，偶尔也发发牢骚，但主要还是对那种越来越重视金钱、轻视知识的社会风气。在这一点我倒理解他，我在写作生涯中挨过的骂可能比他多，我不能说我就不感到寂寞。但是我并没有让人骂死。我也看见他倒了又站起来，一直勤奋地工作。最后他被迫离开了文艺界。

五

那是 1949 年的事。最初北平和平解放，然后上海解放。6 月我和靳以、辛笛、健吾、唐弢、赵家璧他们去北平，出席首次全国文代会，见到从各地来的许多熟人和分别多年的老友，还有更多的为国家和人民的前途献出自己的青春和心血的文艺战士。我很感动，我很兴奋。

但是从文没有露面，他不是大会的代表。我们几个人到他的家去，见到了他和兆和，他们早已不住在达子营了，不过我现在也说不出他们是不是住在东堂子胡同，因为一晃就是 40 年。我的记忆模糊了。这几十年中间我没有看见他住过宽敞的房屋，最后他得到一个舒适的住处，却已经疾病缠身，只能让人搀扶着在屋里走走。我至今未见到他这个新居，1985 年 5 月后我就未去过北京，不是我不想去，我越来越举步艰难了。

首届文代会期间，我们几个人去从文家不止一次，表面上看不出他有情绪，他脸上仍然露出微笑。他向我们打听文艺界朋友的近况，他关心每个熟人。然而文艺界似乎忘记了他。让他在华北革大学习，不给他出席文代会，以后还把他分配到历史博物馆做讲解员，据说郑振铎到那里参观一个什么展览，见过他，但这是以后的事了。这年 9 月我第二次来北平出席全国政协会议，接着中华人民共和国成立，北京又成为首都，这次我大约坐了 3 个星期，我几次看望从文，交谈的机会较多，我才了解一些真实情况。北平解放前后当地报纸上刊载了一些批评他的署名文章，有的还是在香港报上发表过的，十分尖锐。他在围城里，已经感到很孤寂，对形势和政策也不理解，只希望有一两个文艺界熟人见见他，同他谈谈。他当时战战兢兢，如履薄冰，仿佛就要掉进水里，多么需要人来拉他一把。可是他的期望落了空。他只好到华北革大去了，反正知识分子应当进行思想改造。

不用说，他受到了不公平的对待，不仅在今天，在当时我就有这样的看法，可是我并没有站出来替他讲过话，我不敢，我总觉得自己头上有一把达摩克利斯的宝剑。从文一定感到委屈，可是他一声不响，认真地干他的工作。

政协会议以后，第二年我去北京开会。休会的日子我去看望过从文，他似乎很平静，仍旧关心地问到一些熟人的近况。我每次赴京，总要去看看他。他已经安定下来了。对磁器、对民间工艺、对古代服装他都有兴趣，谈起来头头是道。我暗中想，我外表忙忙碌碌，有说有笑，心里却十分紧张，为什么不能坐下来，埋头译书，默默地工作几年，也许可以做出一点成绩。然而我办不到，即使由我自己做主，我也不愿放下笔，还想换一支新的来歌颂新社会。我下决心深入生活，却始终深不下去，我参加各种活动，也始终浮在面上，经过北京我没有忘记去看他，总是在晚上去，两三间小屋，书架上放满了线装书，他正在工作，带着笑容欢迎我，问我一家人的近况，问一些熟人的近况。兆和也在，她在《人民文学》编辑部工作，偶尔谈几句杂志的事。有时还有他一个小女儿（侄女），他们很喜欢她，两个儿子不同他们住在一起。

我大约每年去一次，坐一个多小时，谈话他谈得多一些，我也讲我的事，但总是他问我答。我觉得他心里更加踏实了。我讲话好像只是在替自己辩护。我明白我四处奔跑，却什么都抓不住。心里空虚得很。我总疑心他在问我：你这样跑来跑去，有什么用处？不过我不会老实地对他讲出来。他的情况逐渐好转，他参加了人民政协，在报刊上发表诗文。

“文革”前我最后一次去他家，是在 1965 年 7 月，我就要动身去越南采访。是在晚上，天气热，房里没有灯光，砖地上铺一床席子，兆和睡在地上。从文说：“三姐生病，我们外面坐。”我和他各人一把椅子在院子里坐了一会，不知怎样我们两个人讲话都没有劲头，不多久我就告辞走了。当时我绝没有想到不出一年就会发生“文化大革命”，但是我有一种感觉，我头上那把利剑，正在缓缓地往下坠。“四人帮”后来批判的“四条汉子”已经揭露出三个，我在这年元旦听过周扬一次谈话，我明白人人自危，他已经在保护自己了。

旅馆离这里不远，我慢慢地走回去。我想起过去我们的辩论，想起他劝我不要浪费时间，而我却什么也搞不出来。十几年过去了，我不过给添了一些罪名。我的脚步很沉重，仿佛前面张开一个大网，我不知道会不会投进网里。但无论如何一个可怕的、摧毁一切的、大的运动就要来了。我怎能够躲开它？

回到旅馆，我感到精疲力尽，第二天早晨我就去机场，飞向南方。

六

在越南我进行了3个多月的采访，回到上海，等待我的是姚文元的《评新编历史剧〈海瑞罢官〉》。每周开会讨论一次，人人表态，看得出来，有人慢慢地在收网，“文化大革命”就要开场了。我有种种的罪名，不但我紧张，朋友们也替我紧张，后来我找到机会在会上作了检查，自以为卸掉了包袱。6月初到北京开会（亚非作家紧急会议），在机场接我的同志小心嘱咐我“不要出去找任何熟人”。我一方面认为自己已经过关，感到轻松，另一方面因为运动打击面广，又感到恐怖。我在这种奇怪的心境之下忙了一个多月，我的确“没出去找任何熟人”，无论是从文、健吾，或者冰心。

但是会议结束，我回到机关参加学习，才知道自己仍在网里，真是在劫难逃了。进了“牛棚”，仿佛落入深渊。别人都把我看作罪人，我自己也认为有罪，表现得十分恭顺。绝没有想到这个所谓“触及灵魂的革命”会持续 10 年。在灵魂受到熬煎的漫漫长夜里，我偶尔也想到几个老朋友，希望从友情那里得到一点安慰。可是关于他们，一点消息也没有。我想到了从文，他的温和的笑容明明在我眼前。我对他讲过的那句话——“我不怕……我有信仰”——像铁槌在我的头上敲打。我哪里有信仰？我只有害怕。我还有脸去见他？这种想法在当时也是很古怪的，一会儿就过去了。过些日子它又在我脑子里闪亮一下，然后又熄灭了。我一直没有从文的消息，也不见人来外调他的事情。

6 年过去了，我在奉贤县文化系统五七干校里学习和劳动，在那里劳动的有好几个单位的干部，许多人我都不认识。有一次我给揪回上海接受批判，批判后第二天一早到巨鹿路作协分会旧址学习，我刚刚在指定的屋子里坐好，一位年青姑娘走进来，问我是不是某人，她是从文家的亲戚，从文很想知道我是否住在原处。她是音乐学院附中的学生，我在干校见过。从文一家平安，这是很好的消息，可是我只答了一句：我仍住在原处，她就走了。回到干校，过了一些日子，我又遇见她，她说从文把我的地址遗失了，要我写一个交给她转去。我不敢背着工宣队“进行串连”，我怕得很。考虑了好几天，我才把写好的地址交给她。经过几年的改造，我变成了另外一个人，我遵守的信条是：多一事不如少一事。我并不希望从文来信。但是出乎我的意外，他很快就寄了信来。我回家休假，萧珊已经病倒，得到北京寄来的长信，她拿着五张信纸反复地看，含着眼泪地说：“还有人记得我们啊！”这对她是多大的安慰！

他的信是这样开始的：“多年来家中搬动太大，把你们家的地址遗失了，问别人忌讳又多，所以直到今天得到 × 家熟人一信相告，才知道你们住处。大致家中变化还不太多。”

五页信纸写了不少朋友的近况，最后说：“熟人统在念中。便中也希望告知你们生活种种，我们都十分想知道。”

他还是像在30年代那样关心我。可是我没有寄去片纸只字的回答。萧珊患了不治之症，不到两个月便离开人世。我还是审查对象，没有通信自由，甚至不敢去信通知萧珊病逝。

我为什么如此缺乏勇气？回想起来今天还感到惭愧。尽管我不敢表示自己并未忘记故友，从文却一直惦记着我。他委托一位亲戚来看望，了解我的情况。1974年他来上海，一个下午，到我家探望，我女儿进医院待产，儿子在安徽农村插队落户，家中冷冷清清，我们把藤椅搬到走廊上，没有拘束，谈得很畅快。我也忘了自己的“结论”已经下来：一个不戴帽子的反革命。

七

等到这个“结论”推翻，我失去的自由逐渐恢复，我又忙起来了。多次去北京开会，却只到过他家两次。头一次他不在家，我见着兆和，急匆匆不曾坐下吃一杯茶。屋子里连写字桌也没有，只放得下一张小茶桌，夫妻二人轮流使用。第二次他已经搬家，可是房间还是很小，四壁图书，两三帧大幅近照，我们坐在当中，两把椅子靠得很近，使我想起 1965 年那个晚上，可是压在我们背上的包袱已经给摔掉了，代替它的是老和病。他行动不便，我比他好不了多少。我们不容易交谈，只好请兆和作翻译，谈了些彼此的近况。

我大约坐了不到一个小时吧，告别时我高高兴兴，没有想到这是我们最后的一面，我以后就不曾再去北京。当时我感到内疚，暗暗地责备自己为什么不早来看望他。后来在上海听说他搬了家，换了宽敞的住处，不用下楼，可以让人搀扶着在屋子里散步，也曾替他高兴过一阵子。

最近，因为怀念老友，想记下一点什么，找出了从文的几封旧信，1980 年 2 月的信中有一段话，我一直不能忘记："因住处只一张桌子，目前为我赶校那两份选集，上午她三点即起床，六点出门上街取牛奶，把桌子让我工作。下午我睡，桌子再让她使用到下午六点，她做饭，再让我使用书桌。这样下去，那能支持多久！"

这事实应当大书、特书，让人们知道中国一位大作家、一位高级知识分子就是在这种条件下工作。尽管他说："那能支持多久？"，可是他在信中谈起他的工作，劲头还是很大。他是能够支持下去的。近几个月我常常想：这个问题要是能早解决，那有多好！可惜来得太迟了。不过有人说，迟来总比不来好。

那么他的讣告是不是也来迟了呢？人们究竟在等待什么？难道是首长没有表态，记者不知道报道应当用什么规格？有人说：可能是文学史上的地位没有排定，找不到适当的头衔和职称吧。又有人说："现在需要搞活经济，谁关心一个作家的生死存亡？你的笔就能把生产搞上去？"

我无法回答。

又过了一个多月，我动笔更困难，思想更迟钝，讲话声音很低，我感觉到自己身体的一部分逐渐在老死。我和老友见面的时候不远了。……

倘使真的和从文见面，我将对他讲些什么呢？

我还记得兆和说过："火化前他像熟睡一般，非常平静，看样子他明白自己一生在大风大浪中已尽了自己应尽的责任，清清白白，无愧于心。"他的确是这样。

我多么羡慕他！可是我却不能走得像他那样平静，那样从容，因为我并未尽了自己的责任，还欠下一身债。我不可能不惊动任何人静悄悄离开人世。那么就让我的心长久燃烧，一直到还清我的欠债。

有什么办法呢？中国知识分子的悲剧我是躲避不了的。

1988 年 9 月 30 日

从文家书选

元宵夜致云六大哥

［1958 年于北京］

大哥：今天元宵，只我一人在家中，让我温习到许多过去元宵，有多少年生活，都真正是在无望无助可怕中把元宵送过！现在一切都好，只是觉得为国家作事不够多，人到中年，大致都会这样。久不写信，因月前又病了两礼拜，病时才明白真正有些衰老了，勉强开会，会中谁也不知道我病中好累！这些日子一好，又整天在陪苏州来的丝绸工人看绣花了。我居然来搞绣花和绸缎，我的存在真可说是离奇！也许过些日子，还要搞些我自己料不到的工作的。得你信，我可以告的如下，分别说说：

一、彭武一已为把钱托文化馆购了十多件土家族被面来，那边再不存钱了。现在手边已无钱可用。买的东西很好，将来或捐工艺美术学校。

二、你体力不好，不要勉强好胜作事。如公家要你退休，也就退休，有一定待遇，不会使你生活为难的。不要疑心别人又怎么样而不安。你已为地方作了好些事情，大家都知道，身体不好，又到了年龄，决不要逞强反把身子弄得更糟。要学会真正谦退虚和，容物容人，才是保身之方。国家事事需要人，人在做事，要鼓励帮助他们。党即那么对人，值得我们学习。炳炳、罗妹也各有好处，先看好处，许多事就对了。我一生吃亏，是只知拼命工作，对人疏忽，不会“处变”，社会一变，因之几十年努力成为白费，对国家说也多可惜！如今快六十了，每日办公虽不必签到，但剩余生命消耗方式，想想也够不经济！但一切事都要人作，这一行无人作，我就作了。在任何时候，想到国家，想到六亿人的共同努力的理想，个人就觉得十分渺小，什么事只要对公共有益，也就作得挺起劲了。我在家中只是一个人，也还是一天到晚工作。即寂寞十分，还是支持下来了。今年还正式向馆中请求，只拿一半薪水，好多一二天空，帮外面什么单位白尽义务，更多作事服务！一生也有最得力处，即学林宰平先生，专看人好处，对人总不怎么计较。且认为即有些不好，也是当然事情。其中甚至包含那些过去我对他极好，后来以为我真的坍了，再也不理我，近来又来客客气气的人，我还是觉得极自然平常，不生气，不在意。我们都快六十了，望能互勉，把短处战胜。你身体需要的，是要一切从容淡然，才可望逐渐复元。世界都变了，不宜说自己脾气还要仍旧。如间或还生气着急，不是国家让你休养本意！徐悲鸿过去，即因病年余，起床后，因生不必要之气而倒下。欧阳予倩同样一病，可是静静养息，三年来，却完全好了。眼见例子，实在值得学习！你应以欧阳为师，才有资格看国家进步！好后再为国家作点事！陈叔通八十多岁还到处跑，即不随便发气！

三、国家处理“右派”分子极严，丁玲等或已开除党，肖乾恐将到乡下管制劳动，许许多多场面上人物，如罗隆基章伯钧等，大致都从此要退出场外。做了“右派”真可怕！我们不会是右派，可是做人、对事、行为、看法，都还得改得好一些，才不至于出毛病。我盼望你把对地方事、对年青人热心处，扩大为对你不喜欢的人的宽和。一切从肯定人长处作起，脾气一柔和，看事就更客观了。我毛病实在更多，今年就下定决心更改。几年来，我记住丁玲告我两句话，很得益，她说：“凡对党有好处的，就做，对党不利的，不干。”我很得到这话的好处。盼望你也记住它，用来对人，也会不同一些。

四、赵其文来，还问候你，认为你才是个“怪人”，是个“艺术家”！

五、近曾为湖南群众艺术馆买了一大批外国玻璃器，作为将来改进省玻璃生产参考。三千多万人的一省，比欧洲许多国家还大，将来有一系列轻工业待改进，我也许明年还会要回来，看看湘绣改进工作。将来也许收音机的装璜，我也会参加末议，来个民族形式的样子。

孩子们都好，在学校过年。虎虎一天劳动建校搞土方，大致要二月，完毕将仍在厂教书。龙龙明夏毕业。三姐仍在人民文学。我一星期有两三天在故宫。

二弟五八年元宵夜

丁玲女士被捕

丁玲女士这个名字，应当是许多人所熟习的名字。近来得到几个朋友来信，方知道她在上海租界上，已被几个政府的便衣侦探，用绑票方法捕去了。捕去以后就下落不明，凶多吉少。上海地方绑票案件极多，想不到还有政治绑票！

政府对于这类事情，按之往例，便是始终一个不承认。对于捕去的人，常常不经由正当法律手续，多用秘密手段解决。如往年胡也频君，因左翼作家运动失踪后，至今犹无人知道他所犯何罪，且不明白他的死去，究竟如传闻所说，用麻袋沉到黄浦江心呢，还是活埋地下。

政府对于共产党的处置，几年来有他一贯的政策，为党，为国，为民族，不管用什么名义去说明，采用非常手段去扑灭他，残酷到任何程度，仿佛皆不足惊异。譬如在江西，我的一个朋友，就亲眼见到过军队用一大桶石灰解决过二百余名逃兵的事。朋友说完他那点稀有的经验时，就告我："这是战争！"因为他这一句话，我便遇事装成看得十分平常了。既要"战争"，写这一页历史，难道上好的血不用，还去用那由于哀怜而来的眼泪么？

但我要说的是对于一个年青作家，本身同战场距离得那么远，他的住处又正是司法机关极其完备的大都市，他的活动也只限于用一枝笔写一篇两篇小说，是不是还得政府使用处置土匪处置敌人的方法来教训他？

丁玲女士只是一个作家，只为了是一个有左倾思想的作家，如今居然被人用绑票方法捕去，毫无下落。政府捕人的方法既如此，此后审判能不能按照法律手续，也就不问可知了。国民党近年来对于文艺政策是未尝疏忽的，从这种党治摧残艺术的政策看来，实在未敢苟同。像这种方法行为，不过给国际间有识之士一个齿冷的机会，给国内年青人一个极坏印象，此外就是为那政策散播一片愚蠢与不高尚种子在一切人记忆中而已。执柄当权的人若贤明达识，就不会采用这种政策。纵或作了这种事情，也明白如何去补救。为政府计，既偷偷悄悄把人提到了，若这人实在有罪，就应当罗列罪款，该死的，置诸典刑，人无间言；罪不至于死的，斟酌轻重，坐牢罚款。政府既以法绳人，自己一切行为，就应当从法律入手，有罪无罪，事情应由法庭处置，且应给堂下人一个在法庭上辩白的机会。

如今丁玲女士究竟押在何处，无人明白，所犯何罪，也不明白。且据传说，则其人又有业已为某方害死的消息。这传说我希望它不是事实，但政府也应当用别的方法证明，这是个不实谣言，且应当即刻公开审讯。人若当真已死去，活埋也好，缢杀也好，仿照别一处处治盗匪方法套石灰袋也好，政府既只知道提倡对于本国有知识青年的残杀，所用方法即如何新奇，我也绝不至于因其十分新奇，另外提出抗议。因为每个国家使用对知识阶级的虐杀手段时，行为的后面，就包含得全个的愚蠢。这种愚蠢只是自促灭亡，毫无其他结果。

在极愚蠢的政策下，死者死矣。然若果稍能自强不息、知对现状有所不满、敢为未来有所憧憬的作家，皆如此一去无踪，生存的，则只剩下一群庸鄙自熹之徒，当全个民族非振作无以自存的时节，还各装模作样，以高雅自居，或写点都市文明浮面的光色，或填小词造谣言以寄托其下流感情。阳充清流，以文学作消遣，于政府官办各刊物中，各看手腕之修短，从所谓党的文艺政策下会计手中攫取稿费若干，无事便聚处一堂，高谈希腊、罗马以送长日。即由此上海小有产者与小游民兴味与观念，支配国内年青人兴味与观念。政府于积极方面既杀尽有希望的作家，于消极方面，则由政府支出国库一部分金钱，培养这种闲汉游民，国家前途，有何可言！

五月二十五日

丁玲女士失踪

近月来在中国发生了一件希奇的事情，就是作家丁玲女士失踪的消息。这件事自从报纸传出后，从各方面探听，皆无这个人的下落。据外报的消息，则丁玲女士的失踪，出于政府特务机关的诱捕，用的是绑票形式捕去，捕去之后，从此即无踪迹。但消息传出以后，各方抗议营救的较多，上海公安局乃申明被捕者并无丁玲其人，然事实上则人业已被捕，且非由法律手续捕去。十几天前，她曾从另一人传出一个口信：

“我已被人诱捕，不自由。”

被“捕”被“绑”不过是词义上的分别，她的失踪由于政治关系，毫无可疑。……上海绑票固已成为某种人的专业，但总想不到在政治方面，也居然有人采用这种手段，对于一个作家，使其忽然失踪。

我们对于上海市公安局的申明无可怀疑，因为拘留所若干年青政治犯中，当真未必有“丁玲女士”这个人的名字。这理由不出两点，极易明白：其一，丁玲被捉，不敢承认她是丁玲。其二，被捕由特务机关执行，直属南京某一方面，不必经公安局办理什么手续，公安局也难过问。两种理由必居其一，或者两种理由兼而有之，即或人是公安局正式会同租界探员逮捕，然失踪之后，则传闻曾一度拘留公安局也。

中国当前有两个危机，一面是国家那么穷，一面是国家那么乱。一切皆似乎毫无头绪可言。国民党为了自己政策的推行，弄死几个反对这种政策的人，并不算得什么希奇事情。因为拥护自己的主张，牺牲一些人，在共产党看来也一定认为十分平常。不过在共产党看来尚以为极不合理的“暗杀政策”，若国民党居然用来作为对作目前一个平常作家的手段，这种政策实在愚蠢得很。这种手段对于个人牺牲固不足道，对于各方面所得的印象和影响，将成什么结果？

照我个人看来，恶例一开，由于这种不聪明的政策所造成的局面，它的坏处恐怕将超乎我们所想像到的坏处以上。一面凡是用笔对政府表示抗议的青年人，皆有凭空失踪的可能，另一面是学会了用同样方法的报复。若必须到那时节再来清算过去错误，为时未免晚了一点。

政府应当明白，尽把一些稍有生气的青年作家捉去秘密解决，是不成的。这种愚蠢事作了不止一次，实在不应当再作下去。政府一面正在提倡法律，一面又这样蔑视法律。前些日子把年青人捉去时，还形式上尽些法律手续，如今对于一个无罪可坐的作家，居然用这种方法捉去，国民党中若还有知正义明道理的人，就应当出来说几句话。爱护国民党的人，若明白这是政府所作的一件事，也应当站起来说几句话。

政府应明白的是：对于作家秘密逮捕秘密解决的手段，不是一个明智的手段。作家没有一个兵，又没有什么党，他既只是用笔构成他的罪过于前，似乎也只能用笔写些什么抗议于后。但若同时大多数作者都来提倡政府的暗杀政策，提倡受迫害与被虐待者用暗杀来对付政府行为作报复时，政府得详细估计一下那种后果。

为这件事情抗议的作家，人已不少，其他暂时沉默的，也正在等候政府一个合理的处置。这个人不能用“失踪”作为结论，她若因此失踪，我的预言是，将来还会有若干作者，相信除了告年青人“自卫”且指示出自卫方法以外，别无再好的话可说。

一九三三年六月四日

记丁玲

一

一九二三[1]的春天，北京的春雪还不消融，大街小巷各处皆黑泥白雪相对照，天空中有“一块瓦”风筝飘扬，我在北京西城所住的一个公寓里，认识了一个圆脸长眉大眼睛的女孩子。当我们把话谈到各人所生长的地方时，我告给她我的家乡在凤凰县，她似乎微微惊讶了一下，她随即告给我她原籍是安福县，我也惊讶了一下。

这两处地方，相去约一千里，因过去发生过一件事

[1] 本书中对于作者和胡也频、丁玲结识初期的记述，某些年代、年龄比实际发生时的年代、年龄，提早了一至两年。校改重印时未逐项更改原作所写的数字。

情，在两人心中，把两方面的距离似乎皆缩短些了。

是这样一件可笑的事：

民三至民五这几年中，有一年中国长江中部发生了内战，湘军用“援鄂”的名义，由岳州开了若干军队过湘北省境。同时在鄂西方面，湘军与鄂军发生了接触，由于战争与换防两种原因，湘西沅水下游各处地方，便发现了些执刀使棒希奇少见的队伍。这是些前清绿营的军勇。这绿营部队并不因辛亥革命而消灭，当时还残余六千人左右，保持在苗乡深处凤凰县别名镇筸的地方。这队伍平时有它固定的责任，从不离开原有的防地。这种军队又名为“筸军”，一个明于近三百年军事史的人，当记忆得出“筸军”这个名称，在这个名称下面还附有勇敢、直率、耐劳、守法各种美德的记号。凡属于这个部队种种受人尊敬处，到如今尚一面保留在各人记忆中，一面也仍然为那个军队的基本道德同信仰。这军队原本近于世袭的戍卒，其中分子包括了各个省份移来的人民、京中贬谪的官吏、与俗同化的苗人。因为制止苗人的叛变，在万山重叠地方筑一坚固石头的小城，复用大石叠就数百碉堡，分布四境，这数千戍卒，便从乾隆中叶起始，一直驻扎到这个地方。它的用处只在制压苗民，它的给养除了按月由那方面派人坐了一只明油黄色大船，从辰河下驶，扬帆洞庭，直抵长沙，向省政府方面领取若干银块携回以外，就全赖当年从苗人方面所没收的土地，转租苗人，生产粮食，分配给有兵役的人家。

但筸军为世所称，却由于太平军与淮匪回匪的变乱，附曾左湘军之一翼，转战各处而得名。当年率领这一群戍卒子弟，各处作战的，为筸人田兴恕。数十年后，用湘西镇守使名义，统率达数千健儿出师援鄂的，也就是那个出身行伍为筸军获得无数光荣的田姓军人第三儿子田应诏。

关于这次援鄂的动机发动以后战事的情形，以及其后结束的原因，我那时因为年龄还小，对于这种事不很明白。但我有一个学习绘画的哥哥，他当时却在那部队中作小小军佐，跟随了一个团长，到过安福县。他在那小县城中住过一夜。他告给我随了部队开进安福县城时，就住在大户蒋姓家中，同一个戴姓参谋，睡在那人家小姐绣房里，两人躺在一铺镂花楠木大床上，在灯光下为一幅赵子昂画的白马发痴出神。两人既学过点旧画，且能鉴赏旧画，皆认为那是一个宝物，却仍然尽他静静的挂在墙壁上，仿佛不知道这画同别的画幅一样，设若卷成一轴，携带时也十分方便。第二天临开差时，那画还好好的挂在墙壁上，各人因为欢喜它，不忍就此离开，便各在那画幅角隅，题下了自己的姓名和年月。他们既已接到向前开拔的命令，当时便离开了那个地方。可是到第三天部队退回原处时，方明白先前部队一经开拔，当天就来了另外三营直属“辰沅道”的屯务军，在胡涂混乱情形中，把县城中大户完全掠光了。前面的作战去了，后面填防的反来抢掠，说来真是一件极不光荣的事情。因这不名誉的案件，虽然即刻杀了两个军官同一些胡闹的军士，但终成为“筸军”一个霉点，同筸人平时的军誉极不相称，故不久之后，那三营兵士的统率者，就被田姓军官撤了职，那三营队伍，也全部解散了。

筸军从乾隆到如今，引为羞惭的，应当是安福县那次事件。但开扩了眼目，筸军引为奇迹一现的，也应当是那次事件。我还记得十分清楚，此后有自前方回来的兵士，手中托了一个大容一升翠润明莹的绿色玉碗，从街中过身，想卖三十串钱，却找寻不出一个主顾。有人问他这碗的来历，军人既从不撒谎，就老老实实告给人，这碗如何从安福县取来的。兵士带回这碗的用意，原只是拿回家中养点金鱼，到家中听说可以卖钱，方拿出卖钱。但当时掠来合用的东西太多，这玉碗在本城并无用处，到后还只二十串钱便为一个行路人带走了。

我就因为我哥哥的故事，同自己所亲眼看到的这件事，知道了安福县。生长在安福县的，对于凤凰县人，印象中自然也仿佛很熟很熟了。

安福县多蒋家，丁玲女士便是那地方一个蒋姓人家的长女。在北京城我知道了她是安福县的人，同她说到那地方城池被我本乡队伍占领故事时，方明白那张画就是她堂伯家中的一幅宝画。那地方虽僻处一隅，我哥哥随军队到的那一次，似乎已是地方经过兵灾的第二次了。第一次当在辛亥左右，因革命各个地方的组织皆有了变动，各处皆发生了骚扰，丁玲女士便同她的母亲，一个年幼弟弟，从安福县逃到比较开通的湘西常德城。常德地方既是她母亲所生长的地方，母亲余姓在常德县又为世家华族，门第极盛，多读书人，丁玲女士的父亲既已死去，故后来事平以后，她们便不再返安福，且在常德住下，成为常德人了。

她的爸爸是个很有公子风度的人物，性格极好，洒脱大方，辛亥以前曾一度留学日本，按照当时风气，所学的自然是政府经济。回国后却似乎因为眼见到革命一来，由平民成为伟人的虽然不少，但由伟人地位而被别人把头割下的也很多很多。“世乱方亟，不如坐以待时”，这留学生因此就在安福家乡住下，并不作事。这人生平极其爱马，且欢喜健壮的骏马，但驾驭鞚纵之术并非所长，故把马买来时，就只为新来的马匹配上精美的鞍辔，派遣一个年青马夫，在前牵着，向城外官道上走去，自己则短装紧裹，手里拿了一条柔皮马鞭，在后边远远跟随。他的行为只在娱乐，行为中就蕴藏了可爱的天真。把马牵到城外去，见有什么陌生人对于马匹加了些称赞，他就同这个人来谈话，若这个人对于鞚纵驰逐尚有些知识，他就请人上马试试。有时谈得十分投机，且见这个人对于这匹马十分称赏，他便提议把这马贬价出让。有时那骑马人决无能力购置一匹良驹，他便强迫把自己马匹赠给这个陌生的路人。一切行为在他看来皆以为事极平常，毫不希奇。

她的母亲当时对于丈夫的行为，当然不会同意，但夫妇之间，感情极好，却不因为这类事情有过一次反目。某一次这个公子把马赠给路人以后，心中异常愉快，含着微笑跑回家中，在书房中卸脱马上戎装时节，作太太的一个，从下人方面把事情问得极其明白，就走过书房来，站在书房门边，含着微笑，问里边的主人：

“大少爷，你那宝马呢？”

“宝马还是宝马！”

“又生翅膀飞了！”

“……”那一方面便带了忸怩害羞的神气，只是微笑，什么话也不说。

轮到作太太的替他作答了，太太说：“宝剑赠与名士，红粉赠与佳人，千里马当然也为一个非常的人骑去了……是不是这意思？”

“不是的。”

“那在什么地方去了呢？不是‘非常人’把马骑去，还是……”

“不是非常人，只是一个懂马性，不委屈马，不糟蹋马的正派人。”

“你让这懂马性的把马骑走了，你这赠马的算是什么人？”

“我算是个很幸福的人。命运里驻定我欢喜作这种事，作过了这种慷慨事情以后，回家来又不至于使你生气。我很快乐。你不是不生我的气吗？”

“生你的气？！我不生你的气，你自己应当生气！人已经不是小孩子了，还尽作小孩子事情。也不要因为家里有几亩田，有个好太太，就尽这样慷慨下去！在世界上可做的好事很多，照你说的，会牺牲自己革命、做慈善事业、办学校、把家中这几亩田卖去也不碍事。但拦路赠马的事，可并不在某一本书上找得出这种慷慨的记载。”

沉默了一会，那公子哥儿却说：

“秦琼黄骠马是什么地方来的？我问你。”

等一等作太太的说：

“照你看起来，这世界上好人可太多了，好马却不多，怎么办？”

“我也那么想。我若在蒙古作王公，就……”

“作王公……！”

……

这具有名公子风度的人因病死去时，丁玲女士的年龄还不上十岁。父亲留给她的印象最鲜明处，也就是牵马出城空手归家这样一件事。然而这人大方洒脱的风度，事实上却并不随了死者而消灭，十年后又依然可以从丁玲女士性格发现，成为她一生美丽特征之一点。

当她父亲死去时，家中情形虽不如其他族人那么豪华，当时似乎尚可称为小康之家。那时她还有一个弟弟，作母亲的就教育这两个孤儿，注意这两个孤儿性格与身体的发育，从不稍稍疏忽。作母亲的既出自名门旧家，礼数周至，加之年青早寡，必须独自处置家事，教育儿女，支配一切，故性情方面，自然就显得坚毅不屈，有些男性魄力。儿女从她身上可以发现父亲的尊严，也可以发现母亲的慈爱，因此使儿女非常敬爱她。她身体既极健壮，又善谈论，思想见解也很有些超常人处，故不独能使儿女敬爱，在社会事业上，也好像是一个自然天生的领袖。但丁玲女士，则后来得于母亲方面的，仿佛不是性格，却是体魄。自小从理智方面看来，虽有些近于母亲，感情方面极偏于父亲。直到十余年后，她的同伴胡也频君为 ×× 秘密残杀后，孤单一人住在上海打发每一个日子，支配她生活上各种行动的，据我看来还依然因为那个父亲洒脱性格的血液，在这个人身体中流动，一切出于感情推动者多，出于理智选择者少。

作母亲的把丈夫死去，带了儿女到常德地方寄居以后，日子过得自然寂寞了些。虽外家亲戚极多，或由于一种骄气，或由于别的原因，似乎并不对于外家有何依靠。在寂寞俭省情形中打发了一大堆日子，似乎记起了某一时节同那个欢喜马匹的好人所谈的话："为国家找寻一条出路，有钱的出钱，有力的出力，来办教育，真可谓最好的事业。"自己如今既然寡居，儿女又慢慢的长大了，一面想把自己儿女好好教育出来，一面又还有些亲戚儿女也需要一个较好学校，故在城里办了一个女子小学，城外办了一个男子小学，学校聘请了些由当地师范学校毕业的年青女子，在半尽义务情形下分担各种课程，自己却不辞劳役，总持其事。经济方面虽非完全出自私囊，但多数经费，却必得将这近中年的太太向各处熟人各处商家奔走募集。丁玲女士所受的教育，就是在她母亲所办的学校起始的。

过不久这一家却发生了一件大大不幸事情，就是那个弟弟在热病中的夭殇。这是一个非常的打击，作母亲的所承受的悲哀分量自然十分沉重，假若身体弱些的妇人，决定是无可救药，随同儿子和丈夫，离开了这个人间。那小孩子的得病似乎就从丁玲传染而起，小孩死去时丁玲也尚未离开险境。当时作母亲的一面料理亡者一面却尽力把病倒的一个治好，等到病倒的一个痊愈时，作母亲的头发白了好些了。

丁玲女士到可以入中学时，便过离常德地方九十里的桃源县省立第二女子师范肄业。在那女子师范时，学校对于她，同对于任何一个女生那么同样情形，完全寻不出什么益处。学校习气太旧，教员太旧，一切情形皆使人难于同意。她当时在那学校，成绩也并不怎样出众惊人。但在性情上，则在那里将近两年的学生生活中，对于她有了极大的影响。影响她的不是学校教师或书籍，却由于一些日夕相处的同学。那学校设立在湘西，学生大部分多自湘西边境辰河上游各县而来，同时鄂西、川东、黔北、接壤湘境者，由于方便来学的也不少。边地如邻接湖北的龙山，毗连四川的水绥，靠近贵州的麻阳、凤凰、乾城，以及其余各县，由于地方锢塞，苗族杂处，虽各地相去不逾八百里，人民言语习惯，已多歧异不同。女子虽多来自小地主及小绅士同小有产商人家庭中，也莫不个性鲜明，风度卓超。各种不同个性中，又有一极其相同处，就是莫不勇敢结实，伉爽单纯。女子既感情热烈，平时的笑与眼泪，分量也仿佛较之下江女子特多。丁玲女士在学校方面虽然并不学到些什么有用东西，却因为跟这些具有原人朴野豪纵精神的集群过了些日子，不知不觉也变成个极其类似的人了。

这种性情当“五四运动”影响到长沙时，余波所及扩大到了桃源，就使几十个年约十五六岁的女孩子发了疯狂。“自觉”与“自决”的名词、“独立互助”的名词、“自由平等”的名词，以及其他若干新鲜名词，在若干崭新的刊物上，皆用一种催眠术的魔力，摇动了所有各地方年青孩子的感情。桃源学校方面，也人人皆感到十分兴奋，皆感到需要在毫无拘束的生活中，去自由不羁勇敢劳作好好的生活。一闻长沙有男子中学招收女生的消息，当时便有若干人请求转入长沙男子中学，其中一个二年级生名蒋祎的，便是丁玲女士。学校方面对于这件事，自然并不给过什么鼓励，事实上却特别加以裁制与留难。家庭则对于这种办法自然觉得太新了一点，于是一些女孩子，便不问家庭意见如何，不问学校意见如何，跑到长沙读书去了。

她们第一次离开桃源向长沙跑去的同学，似乎一共是四个人，除丁玲女士外，有川东酉阳的王女士、湖南芷江的李女士与杨女士。但到了长沙不久，上海所流行的“工读自给”新空气，在一种极其动人的宣传中，又影响到了几个女孩子。同时长沙方面或者也有了些青年男女不可免避的麻烦在学生与教员之间发生。几个女孩子平时既抱负极高，因此一来，不独厌烦了长沙，也厌烦了那地方的人。故虽毫无把握，各人便带了几部书，以及一笔为数不多的款项，在内河轮与长江轮三等舱中占据了一个角隅，有一天便居然冒险到了上海地方了。

几个人过上海的目的，似乎是入上海大学，那时节的上海大学，有几个教授当时极受青年人尊敬目前还为世人所熟习的名字：瞿秋白、邵力子、陈独秀、李达、陈望道、沈雁冰、施存统……她们一到了上海，自然在极短时间中就同他们认识了。若果不是年龄太小程度不及，便是还有别的问题，她们当时却只入了平民学校。她们一面读书一面还得各处募捐。为时不久，她们住处似乎就同那些名教授在一个地方了。至少瞿秋白兄弟同施存统三人，是同她们住过一阵的。到后来李姓女子得热病死了，杨姓女子回了湖南，四川酉阳王姓女子，同她便过南京去玩了一阵。当时两个人过南京去住，也许只是玩玩，也许想去做工，也许还有其他原因，但照后来情形看去，则两人是极其失望重回上海的。在南京时两人所住的地方，在成贤街附近一个类乎公寓的住处，去南京高师不远，住处必尚有些其他湘籍川籍学生。两人初到南京时，身边还有些钱，故各处皆去玩了一个痛快，但钱一花尽，到后来就只好成天过北极阁晒太阳，上台城看落日去了。两人既同些名人来往，照流行解放女子的习气，则是头发剪得极短，衣服穿得十分简便，行动又洒脱不过（出门不穿裙子的时节次数一定也很不少），在住处则一遇哀乐难于制驭时，一定也同男子一般大声的唱且大声的笑。两人既不像什么学生，又不像某一种女人，故住下不久，有一天就得到个署名“同乡一分子”的劝告信，请她们“顾全点面子，不要留到这个地方”。这误会虽由于两人行动洒脱而来，当时两人却十分不平，把住处几个高师学生每人痛骂一顿。那信上的措词大约比我所说还温和一些，她们的责备则又似乎比我所写出的还厉害些。那个写信的人虽近于好事，却并非出自恶意，一骂自然不敢出头了，至于其余那些大学生被骂时，初初还不明白这是什么事情，到后弄明白了，又不知究竟谁写这个信，自然也就算完事了。

但两人当时情形或者也正极窘，想离开南京便无法离开。那王女士本是酉阳地方一个富足油商人家的女儿，父亲那时且为众议院的议员，并不至于使一个二十岁的女孩子在外流落，丁玲女士经济情形也不很坏，故两人当时受窘，同“解放”大约多少有些关系。“解放”同“争斗”有不可分离的情形，那时节女孩子既要解放，家中方面虽不能加以拘束，也还能消极否认。否认方法自然便以为暂且停止经济接济，看看结果谁的意见适于生存。两人把手中所有一点点钱用罄后，各处学校去找寻小学教员，却不能得到这种位置。其他粗重工作有些地方虽需要人，但人家一看到她们，即或正需要一个娘姨，也不敢借重这位娘姨了。她们听说有人要绣花工人，赶忙跑去接洽，那主人望望两人的神气，也不敢领教，只好用别的方法说明所雇人业已找到把两人打发走了。既不能好好的读书，又无从得到一个职业，又无其他方面接济，自然就成为流浪人了。

她们又正似乎因为极力拒绝家庭的帮助，故跑到南京做工的。到南京两人所得的经验，在丁玲女士说来，则以为极有趣味。那时节女人若在装扮上极力模仿妓女，家中即不奖励，社会却很同意。但若果行为洒脱一点，来模仿一下男子，这女人便在家中社会皆将为人用希奇眼光来估计了。两人因为这分经验，增加了对于社会一般见解的轻视，且增加了自己洒脱行为的愉快。

当丁玲女士已经作了海军学生的新妇，在北京西山住下，告给我那点经验时，她翻出了一些相片，其中有一个王女士编织绒线的照相，她说那就是初到南京照的。到了那里把钱用尽后，天又落雨极冷，无法出门时，就坐在床上，把一条业已织就多日的绒绳披肩，拆卸下来，挽成一团一团的绒球，两人一面在床上说些将来的梦话，一面用竹针重新来编结一只手套或一条披肩。工作完成以后，便再把它拆散，又把那点毛绳作一件其他东西。当时房东还不很明白这种情形，常用猜询的眼光，注意两个女孩子的工作，有一天，且居然问："为什么你们要那么多毛绳物事？"两人自然并不告给房东那是反复作着玩玩的行为。房东的神气，以及两人自己的神气，却很温暖的保留在各人印象里。

两人对于贫穷毫不在乎，一则由于年青，气壮神旺，一则由于互相爱好，友谊极佳。但另外必仍然由于读了一些新书的原因，以为年青女子受男子爱重虽非耻辱，不能独立生存则十分可羞，故两人跑来南京，一面是找寻独立生活的意义，一面也可说是逃避上海的男子。当时丁玲女士年龄还不过十七岁，天真烂漫，处处同一个男孩子相近，那王女士却是有肺病型神经质的女子，素以美丽著名，两人之间从某种相反特点上，因之发生特殊的友谊，一直到那王女士死去十年后，丁玲女士对于这友谊尚极其珍视。在她作品中，常描写到一个肺病型身体孱弱性格极强的女子，便是她那个朋友的剪影。

二

两人回到上海后，大约还是由于上帝的意思，使她们在一些男子的殷勤待遇中，性情也柔和了一些，原有观念也变更了些，王女士与瞿××同居后；丁玲女士似乎也与瞿××的一个兄弟，有过一度较亲切的友谊。几人在这种生活中，得到了些什么意义，别人却不很清楚。在这一点生活上，对于她好像并无多大兴味。她似乎想忘掉一些不必记忆的印象，故谈及时常常中途而止。回上海一年左右，那身材美丽个性特强的王女士，在肺病中死去了，丁玲女士当时大致也同家中讲了和，愿意接受家中的帮助，得到了家中办小学教育的母亲一点接济，有了钱觉得要念书，上海不是念书的地方，想过北京看看，故为时不久，就到北京住下了。

那时她年龄当在十八岁左右。到北京后她住在西城辟才胡同一个补习学校的宿舍里，同住的有一个很美丽的曹女士，一个很朴素的钱女士。几人一面在学校补读投考大学校所必需的功课，一面还到一个钱姓私人所设的图画学校练习图画。当时她对于绘画似乎比其他事业还多兴味，所作的素描构图极具巧思。我第一次同那个海军学生到她的公寓时，她的窗纸上墙壁上书本上，就无处不是用粉墨勾成所熟朋友的脸谱。我们认识她时，她已从学校搬入公寓，其所以离开学校改住公寓的原因，大约就因为准备向艺专投考。但到后在作艺术专门学校的学生以前，却作了海军学生的情人，一定不是她始料所及的！

她其所以同海军学生相熟，则由一个左姓朋友。那时节左 ×× 还是个小孩子，与海军学生住在同一公寓里，补习学校三个女孩子却常常来看那个白脸长身的左家小孩子。三人中最美丽典雅的曹女士，正与左家小孩恋爱，大家既皆极其年青，加之湖南人的特性，就是“不知节制自己的哀乐”，几人来时会笑的自然就大声的笑，会唱的也自然大声的唱，左 ×× 一同海军学生成为熟人后，那三个女子，当然不久也便成为海军学生的熟人了。三人中最美丽的曹女士既同左极要好，那钱女士则健壮朴素成天只希望考入师范大学，当时的机会就使海军学生对于丁玲女士特别关心一些。

大约她们认识了三天或七天，这海军学生，就把她带到我住处来看我了。我们一提到所生长地方后，就各因另外一时的特殊印象，仿佛成为熟人了。我的故乡同她所寄居的常德，相去约七百里，有一条河水连络了两地的交通。从她住处的河边，驾了小小的单桅篷船，沿江上溯就可以到我的故乡，我从那为世人所疏忽地图所遗忘的小地方出来时，也必须搭坐小货船，经由那条清澈透明的流水下驶，到了她那个县城，再换轮船浮出洞庭。我们于是谈河水，说小船，讨论那条河水一切使人发生兴味处。我们既然各读了几本书，又那么年青，故说到某几处的滩险，船只下行，形容它的速度时，两人总皆用“抛掷”一类字样。我们提到那条河水上游某几处，深度到四丈五丈时，还可以清清楚楚的看到河底的小小白石同游鱼，又各找寻了若干譬喻，且互相皆似乎极能领会那点譬喻。实际上则两个年青人皆因过于年青，为同一的“怀乡病”原因，把我们友谊弄密切了。当谈话时那海军学生只坐在我房中近窗户桌边，带着稍稍显得痴呆的微笑，望到那个圆脸长眉的女孩。我们的言语他还不大能够听懂，他得在若干意义上去猜详我们所说的话语。他懂得那意思，他明白那对于他无分，还仍然随同我们笑着。因为我们把话谈得很久，故这个海军学生，到后就拿起一本都德《小物件》翻看，不再听我们的谈话了。

两人离开我的公寓时，女的告我：

“我住处出街口向西，过那木厂点点路，就看到了。什么时节高兴去玩时，就随便去玩，到那里问蒋冰之就成了。”

海军学生说：

“晚上去还是明天早上去？要去时来邀我，我带你去。”

送他们走后，望到那两个人的背影，我站在公寓门口，心里很觉得愉快。回房中时，因为去翻看那本《小物件》，便记起海军学生那分神气。海军学生隔天邀我去看她时，他那么欢喜提到这个女人，关于这女人有些使他发呆变呆的地方，一点也不能隐讳，我便在心中有个问题。我心想：

“这是不是名为恋爱？这女人会嫁这个海军学生吗？

这女人完全不像书上提到的那些爱人样子，海军学生也得爱她吗？”

我那时只十九岁，由于从乡下出来，一切皆并不像城里人那么灵巧，当时还不很明白一个男的和一个女的，为什么必须住在一处过日子。以为也许那很有道理，却实在不能明白必需住在一处的道理所在。我看到一些书中提及关于男女事情，我就十分胡涂。“真有那种男子吗？什么都不顾，去为一个女子作奴当差吗？”我思索不出结论。我相信我或许也会这样子，但心目中的女人，一定同书上所提那么聪明与完美。我最理想的是女子必聪明得你说一样她知道十样，你说的她明白，不说的她也明白。她一定又美丽，又尊贵，又骄傲，才能使我发疯发痴。并且我还想想：“一个人若事业弄不好，要女人有什么用处？同一个平平常常女人住在一处，任什么事也就不用提了。”

我那时节要的只是朋友，这朋友第一件事是互相能诉说那些过去的事情，且共同来作未来的梦想。行为冒险虽受了种种限制，想像却生了翅膀可以各处飞去。我就需要明白人家正在怎么样飞，又得让人知道我预备怎么样飞。

我要有几个与我同样的贫穷，却能在贫穷中为未来生活而努力，来打发日子支持生活的年青人。我们不管所想到的世界如何离奇可笑，所打算的生活如何不切事实，但我们能那么勇气悍然的去过日子，结果是不必追问的。我那时的性情是要谈话时就一整夜的谈话，想玩时就放下一切去玩，想跑到什么地方去，不管路道远近，要去即刻跑去，听人说某种书好，无法把书买来时，就从西城跑到东城，傍着书摊，装作买书样子，同那卖书人弄熟，坐在小凳子上看那本书，把书看完时再回公寓。生活不管如何毫无希望，不管如何困难，利用了北京公寓记账的习惯方便，我们却仍然那么硬朗结实拖延下去。这种年青男子朋友我已经碰到了些，且在燕京大学方面，我还有了些生活也很艰难读书却很用功的朋友。但女朋友有什么用处？女子天生就脆弱许多，气量既窄，知识也浅，又怕累，又怕事，动不动就得哭泣，一点小小得意处便沾沾自喜。她们要男人时，只凭方便找一个男人，就从不会自己带着三分危险去挑选自己所要的男人。她们得了一件新衣料时，就去和同伴商量半天，有时还商量了一整天，看这衣料缝什么式样较好，缝好了也许还得在这东西上批评许多日子。她们做事则只选轻松的易于见好的去做。她们把一件事做错了，或头发被理发师剪得太短不合时式了，回家去就伏在枕头上痛哭。当时我对于女人就是这样一堆感想，故以为女人真不必提！我看不起女子，就因为我听人说过了很多的女子，却不曾见过多少女子。

这个圆脸长眉的女孩子，第一面给我的印象，只是使我温习了一番旧有的感想。她同我想像中的平凡女子差不了多少。她也许比别的女子不同一些，就因为她不知道如何去料理自己，即如女子所不可缺少的穿衣扑粉本行也不会，年青女子媚人处也没有，故比起旁的女人来，似乎更不足道了。

不过第二天我被那海军学生拉到她住处时，观念改变了些。我从她那儿明白了女人也有同男子一样的人。到了她住处小房中，她便从抽屉中取出些照像册，图画本子，递给我们。从那本子上面可以看到那个爱马的公子，又可以认识办小学教育的老太太，又可以认识我所提及的其他几个人。她似乎每天皆在努力作画写大字，条桌上除了四个颜料碟以外，还有一叠红色九宫格习字用纸。她又拿出一个玉质图章，上面刻了“丁玲”两个字，问她：“这是谁？”就说：“我自己的，我要用这个名字，不用旧的名字了，故刻了这颗图章。”她一切做得十分洒脱，且俨然同我们业已相熟多年的样子。她处处在告给人不许客气，那意思却不是从口中说出，只在行为上与微笑上可以看出。

我觉得这倒还有意思，但我们离开她那个公寓时，她却又为了自己太爽快且疑心别人同她客气，似乎有些生气。因为那时节已到了行将午饭的时节，公寓中的大师傅，业已开始在厨房中极力拨弄得锅子碗盏发出声音，她留我们吃饭，海军学生答应了，“步兵上士”却不答应。我那时的习惯就是只欢迎来客，却从不到别人处吃饭。我决定要走，她便生了她自己的气。事实上不需生气，且无生气的理由，仍然有很久不舒服，就因为她到底还是个女子！

她离开北京城时，同那海军学生有了些什么理解，我可不大明白。我见过了丁玲女士以后，就从左××方面知道了她些另外的事情。那时节这女孩子感伤气氛极重，大约因为几年来在外边飘飘荡荡，人事经验多了一些，少年锐气受了些折磨，加之较好的朋友又死掉了，生活又毫无希望可言，便想起母亲，想起死亡的弟弟，想起不可再得的朋友，一切回忆围困了她，使她性格也受了影响，并且在实际上，则另外一件事必更有关系，便是她的年岁已经需要一张男性的嘴唇同两条臂膀了。因此便不问黄昏清早，常常一人跑到最寂寞僻静地方去，或是南城外陶然亭芦苇里，或是西城外田野里，在那些地方痴坐痛哭。有时半夜里还不知道回家，有时在家饭也不吃。不过朋友们同她自己，虽明白这分感情由于生活不满而起，却不明白倘若来了那么一个男子，这生活即刻就可以使她十分快乐。

关于这一点海军学生聪明了一些，当我同他在西单散步时，他向我说：

“她有个弟弟死了，她想起她弟弟，真会发疯。”

我因为估想得出这海军学生心中的主意，我说：

“要个弟弟多容易！她弟弟死了，你现在不是就正可以作她的弟弟吗？”

海军学生脸红一下，想要分辩，又不敢分辩什么，把我肩上轻轻的打了一掌，就跑开了。

等到第二次我在北京香山见到她们，问及她些经过情形时，我方明白海军学生同我在西单散步那一天，就正是丁玲接到海军学生一点希奇礼物的一天。原来海军学生那天一早就用了个纸盒子，装好一大把黄色玫瑰，请公寓中伙计送至丁玲住处，并且在花上写着个小小字条："你一个新的弟弟所献。"把花送去以后，半天没有回信，这海军学生手足无措，心中不宁，故跑到我住处来，把我拉出去散步，想从我的谈话上得到一分支持日子的勇气。等到被我无意中说出的一句话，刺了他那么一下，就又急又羞，离开了我跑了。他一人跑到西城外田野里胡乱奔蹿，直到晚上方转回公寓！

丁玲女士第一次离开北京时当在春天，第二次再来北京为我见到时，却是那一年的秋天了。

中秋那天我在他们香山小屋里看到她时，脸上还有新妇腼腆的光辉，神气之间安静了些也温柔了些。问她还喝不喝酒？她只微笑。问她还到芦苇里去读诗没有呢？也仍然只有微笑。我心里就想说："你从前不像个女子，只是不会有个男子在你身边，有了男子到你身边，你就同平常女子一样了。”

关于她做了新妇，同这个海军学生在香山如何打发日子，我在《记胡也频》那本小册子虽说到了些，却想把对于她生活发展极有影响的，这一段日子中其他事情，再记下一些。

那时两人原是以为山上可以读书，故搬到这山上来住下的。事实上则两人读书，诚如我在另外那本书上所提到的那样，不过需要几本书，把两人生活装点得更幸福一点罢了。假若当真为的是读书，所有的书未免太少了。他们的书是一部关于曲的什么集子、一部《郑板桥集》、一部《倪云林诗》、一部《花间集》、一部《玉台新咏》，其余便是半书架翻译小说，那时两人所看的书，好像也就全是这些翻译小说。此外还有些无政府主义的书籍，以及社会革命理论书籍，则是搁下来却不很翻阅的。两人的英文程度，看点法国俄国转译成为英文的书籍，还不至于怎样费事，不过那时书架上的英文书籍，则仿佛一共只有三本，一本是小仲马的《茶花女》，一本是莫泊桑的《人心》，一本则是屠格涅夫的《父与子》。两人虽然只有这样三本书，还常常预备着手来翻译。提到要译书，作太太的一个总最先把笔拿起，但译到第一页或第五页某一行，几个陌生的字从字典上寻不着它的意义时，最先把笔摔去的也常常是她。两人间或还读些哲学经济书籍，两人之间思想比较起来，由于过去的习染不同，故她比海军学生似乎进步一些，且比较海军学生所知道的多些。海军学生办《民众文艺》时，他们若沿袭了那个题目作去，则革命文学的酝酿，当由北而南，不至于还等待到四年后由南而北了。海军学生自从湖南回来以后，就不大像一般小说中所谓“革命人物”，只像书中所说的“年青情人”了。由于崭新的生活使两人感情皆在眩目光景里游泳，海军学生当时只打量作英国的雪莱。写诗赞美他的同伴，似乎是他工作最重要的一部分。

两人搬到乡下来住，自然也希望让会写小说的多写些小说，想读书作画的也多得些空闲做自己所做的事。可是会画的一个，当时除了每晚在灯光下为海军学生用墨勾出侧影外，别的皆不动笔，写小说的则总是写了又扯，扯了又写，事实上却把时间完全被其他一切事情费去了。他们既自己处理伙食，则淘米煮饭买菜提水皆得自己动手。把饭吃过后，看看天气很好，两人自然就皆以为出去走走较好。不出门则或看看书，或携着手讨论一个未来的理想。各样事皆想作，一样事全弄不好，于是日子也就从从容容无声无息从两人身边溜掉了。

两人当时生活方面既大部分得湖南为寄钱来，或湖南接济耽误了时间，不能按时寄到，或者因为钱虽寄来，由于不善处置，用去太早，穷极了时从我处又想不到什么办法，总得进城去筹点小款，方能支持下去，作太太的便从床下把柳条箱拉出来，拣出些不适用的衣服，用一个花标作成的包袱包好，带着微笑交给那海军学生。两人事先便约好了，一个在家中读书，一个徒步拿东西进城从当铺换钱。有时当真那么作，有时则虽业已说好，当那海军学生挟了包袱出门时，作太太的便追出去，陪伴到街口。到了街口眼看到那海军学生好像一个下班的巡警模样，孤零零的从灰色的石子路上走下山时，作太太的大约一面为了走路的十分寂寞，自己留在家中来想像那走路的一个，什么时节到了什么地方，未免也太寂寞了，自然毫不再加思索，又赶快跑上前去。

海军学生见人追赶来了，就会问：

“怎么样，是不是一个人留在山上吓怕？”

那一个便说：

“我不怕。”

两人暂时停顿在大道边，互相望着。

“你回去，不许再送我！”

“你一个人走那么远的路，我心里很不好受。”

“走点路算什么？我正想走路，这点路并不算远！”

“真不算什么吗？”

“我全不觉得远。”

她原来就正等着那么一句话，她说：

“那么，我就同你一起进城去。”

这自然得有一会儿争持，因为照实说来这条路并不很近。若当天便得来回，则更不像是一个女孩子所能办到的。那一个还待在天气以及另外什么意义上找寻不能两人下山的理由，只须另一个把眼瞪瞪，头略偏，做出一个女人惯常用来慑服男子的动作，于是不得不变更了原来计划，只好两人一起装成散步的样子，向北京城走去了。

这自然算得是一个极长的散步，很需要一分气力同时间，下山后须绕过玉泉山长长的围墙，经过青龙桥，又沿着颐和园后面一带长长的围墙画了半个圈儿，绕到挂甲屯、海甸，进西直门……不过海军学生对于这点路程似乎并不觉得难堪，有了一个同伴后，自然更从容多了。两人下山虽为的是筹措伙食，却常常走到半路忘了这件事情，因为关心泉水同天上白云，在路上一坐也就常常是三点两点。有次黄昏上山，因为眷恋天上新月的美丽，两人竟在玉泉山小河边坐到半夜。

有时海军学生实在不能进城，则丁玲女士一人用散步方法，从山上荡进北京，到城中时找寻朋友，时间晚了一点，就住在曹女士的住处。借得了钱，因为舍不得坐车，则仍然徒行回山。回到住处，在山上的那一个自然是睡的不很安神的，从城中上山的一个则为三十里一段路途也折磨坏了，可是一见面，一切疲劳同牵挂皆去掉了。在城中的便听在山上的那个诉说一晚所领略的境界，在城中的一个又告给在山上的一切城中事情。什么刊物登了什么人的诗，什么杂志见到什么人的小说，市场小书摊上出了几本新书，书叫什么名字，印什么封面，有谁作序，皆尽所知道的说去。或者同时还带了几封从城中友人住处转来的信件，或者还带回了一些新出书报，两人一面着忙撕去那书卷的封皮，一面便微笑大笑。有时坐车回来，则一定还买一口袋白米、一点荤菜、一点海军学生所欢喜的甜点心、一把花。海军学生一面提水烧煤，准备晚饭，一面听城中路上一切新闻，事作得正好，忽然一晃不见了，各处找寻皆不见了，过一回，才知道原来他为了去买点点酸醋，已从碧云寺街口跑回来了。

两人绝了粮，又恰恰不便进城，就过我住处，同我吃慈幼院大厨房的粗馒头，次数似乎也很多很多。

三

照情形说来，两人虽然在山上，除了间或有什么朋友上山来看他们住一晚两晚，其余就并无多少应酬，故虽自己每日得提水烧饭，日子积累下来，两人空闲光阴可仍然太多了。那时节，除了玩以外，自然就只有把几本小说反反复复的看一个办法消磨时间了。长时间的闲暇与反复阅看几本有用的书，皆非常影响于丁玲女士此后的写作。闲暇孕育了她创作的种子，所看的书又影响了她文字的风格。她似乎明白她自己将来的责任，现在应当怎么办，就更相宜一些，她便选定这份生活，把每个日子十分从容的过下去。她年龄并不很大，到下年方满二十岁，身体与心灵皆在成长，她的生活恰恰给了这两方面的机会，小家庭虽常常那么穷，却是这个女作家最好的温室。

海军学生上半年的《民众文艺》既停刊了，我们所写的小说虽各处还不至于完全碰壁，但所得的报酬太少，所呕的气却又太多了。我们怎么办？我们并不需要出名，也并不希望发财，我们意思只是能有机会让我们把日子过得下去，把竭尽自己能力写成的作品，编辑看来以为用得着的，把它登载出来就得了。我们只盼望公平一些。我们的盼望那么简单，当时却寻不出那么一个公平的编辑。由于成见同其他原因，我们写成的小说，自然总得经过若干波折方有结果的。总得找出一个办法，方有希望不至于为一时不良风气习惯所糟蹋。因此怎样来办一个刊物，是我们常常皆打算到的事情。我们做梦也只想有那么一个刊物，由自己编排，自己校对，且自己发行，寄到中国内地各处地方各个读者手中去。我们只希望各人自己拿出一部分钱来，做这费力而不讨好的事情。但一个刊物最需要的就是金钱，我们当时最缺少的也正是金钱。我们的刊物于是便在幻想中产生，又复在幻想中夭折了。

当我同那海军学生在桌旁计算用费草拟出版计划时，我们照例总以为这刊物得三人才能办得下去。把她算成一个角色，且必需三人才有趣味。她见我们提到她所负的责任时，必说：

“先生们，别把我拉进去，我不作文章。你们要我来，我就当校对，因为可以占先看你们写出的文章。”

“没有你我们办不下去！”

“有了我就办得下去吗？我又不会写什么，派我充一角色有什么用处？”

“把你写情书的那枝笔来写……”海军学生说时笑嘻嘻的，说过后便望我做鬼脸。

“得了得了，频，你为什么造谣言？我跟你写过情书吗？不能胡说八道，这一行你们男人才是高手！”

那海军学生说：“你并不写给我什么信，但我看你那样子，是个会写情书的人，不相信只要我们一离开就可明白了。”

“你自己不害羞，我为你害羞，你们刊物我不管！”

说是那么说，但另一时眼看到海军学生有文章被别处退回时，她会不让一人知道悄悄的重新来草拟出个刊物的计划，事先并海军学生也不知道，俟我到他们住处时，就交给我看，且笑着低声问我们，是不是可以从此着手。到那时节她的口气也改变了些，她会说：“文章我不会作，作了你们能高兴改改，那我就一定作。”在那计划上她必定还写上担任校对，担任发行，出版所需一切费用，则担任写信回湖南去请那小学校长筹措。

但自办刊物的用意，在我们只是想把写成的文章直接交给读者，至于她，却不过因为见到我们所受的苛刻与冷淡，有所不平方来筹划这件事情。这种计划通过后，家中一方面似乎也很汇了几次特别款项来，款寄到时或者正是需要钱的时节，或又发生了别的事情，对于刊物不能即刻着手，这些钱自然也就被一对青年夫妇花到其他方面去了。

当她说把文章写成请求修改时，海军学生毫不推辞也毫不谦逊，以为“当然得改”。可是，到后来两人皆在上海靠写作为生时，我所知道的，则是那海军学生的小说，在发表以前，常常需那个女作家修正。在文字方面还并没有显出这个作家的天才时，在批判上却先证明了她某种惊人的长处，业已超过了两个男子。什么作品很好，好处在某一点上，好中小小疏忽处又在某章某段，由她口中说出皆似乎比我们说的中肯。我们既然正在写作，对于一切作品皆极容易堕入偏见里去，对于本国的作品，容易从人的生熟爱憎上决定好恶，对于国外作品的标准，也容易以作风与译者的爱憎决定好恶。故难得其平，也实为事所当然。丁玲女士则因为同人相熟较少，自己又不写作，并且女人通性每一篇文章总那么细心的看了又看，所看的书又那么纯，因此对于好坏批评，比起两个男子来实在公正一些。不拘什么成篇成本的小说，给她看过以后，请她说出点意见时，这意见必非常正确，决不含糊。这也就正是一个作家当他执笔以前所必需的一分长处，需要这分长处，能明白一个作品成立的原因，能明白文字的轻重，且能明白其他事情，就为了从别人作品方面知识的宽博，等到自己下笔时也稳重多了。

她一面因为身体与性格，皆宜于静，而情感则如火如荼，无可制止，混合两面的矛盾，表现于文字时，就常常见得亲切而温柔。她还不着手写她的《在黑暗中》时，的的确确就以长于写信著闻友朋间。她并无其他情人，故无所谓情书。她善写平常问讯起居报告琐事的信，同样一句话，别人写来平平常常，由她写来似乎就动人些，得体些。同样一件事，一个意见，别人写来也许极其费事，极易含混，她可有本事把那事情意见弄得十分明白，十分亲切。

她并没有某种女子长于应酬的天才，可说不善交际。她不会同生人谈话，在熟人面前无所拘束时，则谈锋十分朗畅。她的谈话同写信一样，要说什么话时，就说出来，所说的多些时，不使人觉得烦琐，所说的极少时，也使人领会得出那个意思。

在做人方面，她却不大像个女人，没有年青女人的做作，也缺少年青女人的风情。她同人熟时，常常会使那相熟的人忘了她是一个女子，她自己仿佛也就愿意这样。她需要人家待她如待一个男子，她明白两个男子相处的种种方便处，故她希望在朋友方面，全把她自己女性气氛收拾起来。

在香山那一阵，两个年青伴侣的生活，有些方面恰比《儒林外史》上的杜家夫妇还潇洒些。天落过了雨，想起卧佛寺后面泉水那时节一定很好，就饭也不吃跑去看一会子泉水。听我说看晚霞应到小团城较好，于是一吃过饭，天空中有霞时，就来回走四里路看晚霞。大家谈到天快亮时流星特别可观，两人也常常半夜里爬起，各披了衣走到院中枣树下去看流星。

还有一次两人上城去借钱，得钱时将近黄昏方能出城，因为月色很好，便沿了西郊大道走去。过了青龙桥后，其中一个忽然想起圆明园的残废宫殿，这时节一定非常可观，一个人说及时，另一个就提议返回去看看。两人到后当真便走到圆明园废基里，各处乱跑，也不管蛇蝎狐鬼，也不问时间早迟，一直走到圆中西洋楼颓墙乱瓦间，坐了约莫半个更次，方选路回山。

又另外有一次这两个年青人因在玉泉背后玩，傍晚时，想从小路回山，不知如何两人皆走到软泥田里去了，转动之间只觉得脚往下陷，一时不能脱离，两人便站在那泥田中看了两点多钟蓝空里的星子，幸亏后来有个赶驴的人过身，方把他们援引出险。虽那么吃了大亏，第二天两人却说当时露重薄寒，在泥田中星光下听远处狗声，情境极美，且以为平生所看到的好星月，只有这晚上那么一次。

总之他们把生活看得比世人似乎不同些，贫穷并不妨碍到他们的生活。他们从不辜负他们的兴味与愿望。他们认为兴之所至，皆值得一作。他们一切皆得“尽兴”。这种性情对于两个年青人有了很多好处，养成此后各处旅行的习惯。身体旅行到过许多新鲜地方，感情也仿佛旅行似的到过许多新鲜地方。但在当时则见得有了一点坏处，就是几个熟人，各在俗累世故中过日子惯了的熟人，对于他们的性情散漫不检处无法理解，对于他们的性格美丽放光处无法认识，慢慢的皆疏远了。这种疏远影响于海军学生方面较多，虽正仿佛由于自愿疏远，但海军学生则仍然有些寂寞。

海军学生得到一个女人，却失去一群朋友。到后来，所有新熟的朋友皆因丁玲而较亲密，海军学生的老友，则来往皆完全断绝了。

丁玲女士也明白这件事，觉得有些难受处。这不止是那时几个人的友谊如此，便是此后两人皆在上海衖堂房子小亭子间住下，写小说过日子时，还依然有这些不舒服感觉，发生于作品取舍间。熟人皆感觉到丁玲可爱，却不很对海军学生发生兴味。杂志上要文章时，常有人问丁玲要，却不向海军学生要。两人共同把文章寄到某处时，有时海军学生的便被单独退还。两人共同把文稿版权售给某书店时，署海军学生的名不成，署丁玲的名却又毫无困难的出版了。这类不愉快的事情，与其谓为发生于编辑者感情间，勿宁谓为发生于商人利益间。她明白这件事，她一提到就十分生气。这些编辑其所以如此，就只为得她是个女人！就为了这些原因，这个人把许多本来可以写成的故事，半途中皆搁笔不再写下去了。据我所知，若果没有这些原因，在一九二七到一九三〇之间，她的作品在数量方面，应当超过目前所有作品一倍。某月报有一次退过海军学生的稿件两次，同时无形中也就毁去丁玲女士两篇约近万字的作品。但这件事当时似乎并无什么人知道，海军学生且似乎还不如我知道得清楚，就因为有次卖书以及寄几个短稿给别处，得到代表商人利益的编辑者回信时，我们深恐海军学生难堪，竟不曾同海军学生提及。这应当是较后的事情了，我想等到写及那一章时再可以写到一些。

为时较后社会对于海军学生的冷淡，也许因为作品文字方面海军学生实在有些不如丁玲女士处。至于当两人住西山时，朋友对于两人的爱憎，则似乎有些不可解处。据我看来也以为海军学生的热情，虽培养了她的创作的种子，海军学生的生活，又给了她后来创作的方便，但假若这女孩子若不是同海军学生共同生活，也许她的成就还会更伟大一些！由于海军学生褊持的热情，拘束了她向这个世界作更宽广的认识，由于海军学生所读的书籍以及那分生活观念，皆限制了她对于学问方面的博涉深入，由于海军学生没有多少朋友，把她在朋友过从方面所能得到的种种益处也牺牲了。这一面成就了她的长处，也同时成就了她的弱点。当她习惯于海军学生的爱情时，她就已经成为一个不能习惯旁的有益于彼的生活，故海军学生此后的死去，由我看来，她的悲剧不是同伴的死亡的悲惨，却实在是这个同伴死亡后，她不知如何去独立生活。这是一个已习惯于这种男性褊持专制热情的女子，一切兴味与观念皆被那男子在一份长长的共同生活岁月里所征服了，此后谁去那么哄她、侍候她，或生了点小气的时节又去打她？她需要这些，一件皆不能缺少，但她还可以向什么地方去找寻这些？她固然可以去革命，去到另一份更伟大些的生活里找寻生活，但一个革命人物，就能够不需要感情所习惯的环境吗？别人如何我不清楚，就丁玲看来，她的感情生活是需要在熟习环境中休息，方能把生命发展得完美无疵的。海军学生一死，她便不能再过一天稍好的日子了。

两人在香山住下时，虽说那么同在贫穷里支持，有时也正同别的年青伴侣一样，互相爱悦之际，由于爱情，间或得成为冤家对头，有口的不知接吻，却来发誓赌咒，有眼睛的则只知流泪的。设或两人为了一点小事争吵了几句，其中一个负气跑到我住处来了，或进了城，另一个又跑到我住处来告我时，我总就觉得从生理方面的特长，她征服了海军学生，从另一方面弱点，则海军学生处处正在征服这个女子。

她虽常在爱情中目眩神迷，却仍然缺少了些东西。她感情中要一个同伴，来与她享受目前，计划未来，温习过去。海军学生则似乎特别开心目前，对于未来不能有所打算，对于过去毫无兴味可言。因为在那时节，她虽然同这个海军学生住在一处，海军学生能供给她的只是一个年青人的身体，却不能在此外还给她什么好处。为了发散这两方面的感情，她对于一个能够同她温习过去商量未来的朋友，自然似乎就觉得待遇应当温柔些、亲切些。

这仿佛极不利于海军学生，有些时节因这些事情刺激了海军学生，海军学生皱了眉毛装作生病的事也一定有过。但过不久这孩子却聪明了一些。他看清楚了那圆脸女孩子，在另一方面，永远皆不能够引起像他那种烦乱的感情，同时且明白她需要朋友处只是谈谈闲话，朋友则简直常常忘了她是一个女子，海军学生就放心多了，同时几个人友谊也显得更好些了。

四

当时几个人准备出版的小刊物，既常在各种想像方便中产生，自然也就得常在各样想像困难问题上夭折。

某一时节对于这个刊物十分热心的丁玲女士，刊物引起她的倾心处，与其说是这个人为了身为作家的快乐，却不如说只是这个人对于未来生活的憧憬。一个人决不能永远凭目前一切打发日子下去，目前即是很完美的，总不能不在“未来”与“过去”两种世界里，检选出一些东西，方不至于被当前的习惯所疲倦。且为了点缀当前的生活，也就正需要一点未来过去的理想与回忆！两个人那点过去生活，由于生活距离太远，既不能使两人共同徘徊得到快乐，故两人得常把感情散步到“未来”世界里去。为了方便，未来的生活，两人想得同许多传记上的文人生活一样，那是毫不为奇的。

同时是目前两人生活虽混合了热情与潇洒意味，但两人的年龄，已并不完全是小孩子了。虽狂热中对一切问题皆不大措意，比较冷静时，慢慢的也会感到了爱情不尽是两人亲切无忤的在一块吃喝接吻与拥抱，把生命消磨下去，还应当互相商量互相帮助一同来作点有意思有价值的事情，方不辜负这一个接连一个而来的日子，简单说来，则此后两人生活问题，也需要考虑一下了。

两人已感到要在社会里做点事业，不管所做的是什么事，总得有件事可以去做方好。两人皆有了“职务”与“责任”的欲望，不管推动这欲望的是物质还是虚荣，欲望却已生根长成了的。创作小说近于两人可以携手同时走去的一条大路，故两人便常常凝眸于托尔斯泰、哥德……以及文学史上一切眩目巨人所达的高峰，且作成种种向那高峰努力的姿势与设计。

但当时正是“文学研究会”的庄严人生文学，被“创造社”的浪漫颓废作品所压倒，北京一隅的空气，已开始被悠闲小绅士们所提倡的幽默趣味文学支配，南方革命尚局局于广东，上海地方还无征兆可言，一般现象皆转入消沉时节。两人既住在山中，早晚所见到的，不过是雨水、露珠、白白的日头、闪烁的星子，以及沿了西山山脚绵延展开了无数灌木林，傍了灌木林一列一列小石屋里皆住得是没落穷困的旗人；所听得的不过是虫声、鸟声、骆驼铃铎声、驴鸣声、母鸡产卵声。（两人生活中虽常常绝粮，绝粮时便得两人中之一个，用散步方法走进城去押当或告贷，然从这方面所受的刺激，在爱情上已得到了抵销的机会，绝不能改易其人生观。）事实上便是：两人同真实普遍的人生，还依然隔得那么疏远。

故两人所打算所准备的将来生活，莫不以个人感情为出发点，而缺少社会普遍出路的意识。要写作，这写作中心，是不能把它从本身爱憎哀乐拉开，移植到广大群众方面去的。

简单说来，就是两人那时节还只明白自己应当如何，方能把自己弄好，并不明白社会应当如何，方能把社会弄好。两人只希望自己将来成就些什么事业，并不希望将来能够替社会做些什么事业。两人这种感情，不独存在于一九二四左右，即到一九二七，从两人生活嗜好上看看，也依然有种种痕迹可寻。两人这种感情不独影响及当时的生活，还大影响于此后丁玲女士的写作。看看《在黑暗中》书内各个不同篇章中，一贯表现的人物意志与兴味，就可明白这个女作家哀乐所出以及爱憎所止的幅度。按一般经验而言，当时展开在两人面前的世界，并不过于狭窄，为了爱，却把两人感情观念，皆弄得稍窄了。

至于这种感情观念的形成，受新婚爱情拘束以外，似乎就应当是两人书架上那几本书了。在较前一节里，说及这两个人所有书籍时，我曾说过那里有三本特殊的书，一本为《茶花女》，一本为《人心》，一本为《父与子》。我忘了提及一本某一时节为丁玲女士所最称道的书了。这是福禄培尔的《马丹波娃利》，分量沉沉的一本书。她欢喜那个女人。她欢喜那个号称出自最细心谨慎于文体组织与故事结构的法国作家笔下写出的女人，那女人面影与灵魂，她仿佛皆十分熟习。她至少看过这本书十遍。不管本人由于异国知识的缺乏，对于本书有若干语句上的误解与若干描写上无法理解，她却仍然从这本书中，以及莫泊桑一本《人心》书中，学了许多。她跟那些书上的女人学会了自己分析自己的方法，也跟那些作书男人学会了描写女人的方法。在她初期写作成绩上，加以检查，如《在黑暗中》各篇章，文体的致密，与每个篇章中人物的多情善怀处、任性处、忧郁苦闷处，以及一个男子傍近身边时节，如何应付那些男子处，若不能明白作者每个作品的背景，若不指出她与上述几本书的关系，批评者惟用着冒险粗卤的手段，从本书所表现的去胡乱推论她的为人，可以说是毫无结果的努力。批评过她的作品，且俨然怀了好意去批评她作品的，如钱杏邨诸人，就莫不陷入那个错误中，既不明白那些作品中人物型范所自来，又不理解作者在何种时代何种环境里产生她的作品，所知道的实际只那么少，所说的却又必然的那么多，这种印象地得出若干论点，机械地说出若干意见，批评的意义，除了在那里侮辱作者以外，可以说毫无是处。关于她的任何批评，登在什么刊物上，为她所见到时，总常常皱了双眉轻轻地说：

“活在中国许多事情皆算犯罪，但从无人以为关于这种胡说八道的批评文章是罪过。故第一个作了，还有第二个照抄来重作。没有可作了，还在小报上去造谣言增加材料。中国人好讲道德，一个女人不穿袜子在街上走走，就有人在旁批评：‘真不要脸’！为什么有些人把别人文章读过一篇，就乱来猜一阵作者为人如何，对于社会革命如何，对于妇女职业观如何，胡扯那么一大套，自己既不害羞，旁人也不批评一句‘真不要脸’？”

这个人在各方面皆见得十分厚道，对于文学批评者却一提及时总得皱眉。那原因不是批评者对于她作品的指摘，却常在批评者对于她作品荒谬的解释。一切溢美之辞皆不脱俗气的瞎凑，带着从事商业竞卖广告意义的宣传，她明白这点，加上她还留下了某一次被商人利用而增高其地位的不快印象，故在写作上她日益出名，也日益感到寂寞。一九三〇年左右，她有一次被一群青年大学生请去某大学演讲时，到了那里第一句话就说：

“各位欢喜读我的文章，找我来谈谈，可不要因为我怎么样出名，因为我文章得到如何好评而起。请莫相信那些曲解作品侮辱作者的批评文章。我的文章只是为宽泛的人类而写的，并不为寄食于小资本家的刻薄商人方面的什么批评家写的。……”

一九三一年的夏天，她拟编《北斗》，写信告我一切计划，要我为她向北方熟人找寻稿件时，信中还说：

“我们的批评，只能求诸广大的群众，不在乎一二批评家。”

她欢喜出自各个观点来自各方的批评，却对于所谓批评家的无识与愚笨极其厌恶。这是不是由于每个集子的售出，商人方面莫不给她留下一个不愉快的印象，以及一般编者对于海军学生的作品淡漠，而影响到她的感情？在这一点上，我已难于寻究较正确的解答了。

关于这个人的创作种子，虽全得海军学生的热情，同着生活的闲暇培养到，稍过数年，终于发生长成，作品印成后，显然获得了惊人的成就，使她在胜利中，不能不微笑向老朋友说："这全是频的成就，没有海军学生也就没有这本书。"然她那创作的勇气，当初数年是常常得在那个海军学生的遭遇中馁去的。海军学生虽勤于写作，对于作品又认真不苟，所有作品在编辑与读者间，似乎就永远不曾得到过所应得的注意。海军学生作品的遭遇，虽曾激动过丁玲女士，使她觉得非努力写作不可，但那种原稿璧还的经验，实在使她有更多机会，把一枝骨杆笔远远摔去，废然而止。说到这件事情时，似乎还应当把日子移后五年或六年，因为这种情形不仅是一九二四，两人在西山小小石屋里住下，那个女作家还被我描写着"每日早晚皆得蹲在廊下用鬼头刀劈柴，又用双手抓煤球放入炉子"时节如此，直至一九二九，那海军学生，尚依然得受书店编辑的刻薄。譬如两人的书想卖去时，必署丁玲的名，方能卖去，两人把文章送去同一地方发表时，海军学生的则常常被退还。因此情形，丁玲女士却有若干业已行将完成的篇章，便在气愤中撕去，行将写出的，也不再能动手写出，这些作品便永远不能与读者见面了。

海军学生从书店编辑方面所得的寂寞，是那么多，但同时对于他也并不是没有益处。那分不公平的待遇，形成海军学生另一时节对于社会已成习气各方面，十分痛恨，且磨砺到这个褊持而又热情的年青人，孕育了他反抗现状的意志和勇气。但对于丁玲女士，则除了使这个女作家不敢动笔以外，另外还得了些希奇经验。海军学生写作的失败，较后一时使丁玲女士常常失去写作的兴味，毁去行将完成的作品，较先一时，则尚影响到她整个生活的目的。

因为海军学生作品无出路，碰壁的经验馁尽了这女作家试作的勇气，丁玲女士一再在“家庭教师”与“私人书记”名分上，找寻过她的职业。两人还在西山时，某一天，丁玲女士看完《茶花女》后，就似真非真向海军学生说出个古怪意见。

“频，你文章写不成功了，我想独自过上海演电影去。等到你写成一本书，且有书店愿意替你付印这本书时，我一定已经成明星了。”

海军学生自然以为这是一个笑话。丁玲女士想把这个意见弄得严重一点，却无其他办法，使海军学生认为问题值得讨论，故到后便小孩子似的，自言自语的说：

“你不相信吗？我要你看将来的事实。”

海军学生这时可说话了。

“你去呀！不碍事，有勇气就去呀！”

但说过这些话后，海军学生却很快乐的笑了。

这个问题并不完全结束在笑话里。当时在西山，在东城公寓，两个人虽常常把这类事情当成笑话说着，这女作家的意思，则似乎当真还以为她成一个明星比成一个作家较有把握。《人心》、《茶花女》、《马丹波娃利》三本书中三个女性，正各自用一种动人的风韵，占据到这个未来女作家感情全部。波娃利夫人对于生活的幻想，充满了这个女作家的头脑，幻想所止，就是那个茶花女玛格俚脱的任性生活、爱情场面，以及特为少女所动心的悲剧结局。再者，假若她自信并不如波娃利夫人那么笨，《人心》一书中某夫人的机智却还可以学习，那么，她是不是还值得去那个广大宽泛人海里，找一份混杂了眼泪与笑乐的崭新生活，冒险证明一下自己的命运？不管海军学生如何永远用幽默的微笑，否认到这种尝试，总而言之，到了第二年，不必那海军学生的鼓励，也不需要其他方面“保可成功”的预期，这三本书中的三个人，帮助她写作以前，却鼓励她跑过上海，试在那新的企图上作失败的试验去了。

关于这次的经验，她虽在一个作品中略略提到，却很少同旁的朋友提到。

六年后，“左翼作家联盟”某次集会里，加入了上海戏剧电影导演者××，这导演因久闻丁玲女士的大名，还不曾作第一次的晤面，在会场的一角，经人介绍后，那导演不由得不带一点儿惊讶的神气，轻轻的说：

“我好像见过你，在什么地方？在……”

她明白他那句话的意思，便坦白的笑着：

“×先生，我们见过，一定的。也许是两个人，一个是预备作演员前来就教的×××，一个便是现在的我！”

那导演本来疑心当真在什么地方见到过她，因此一来反而迷惑了。便把圆圆的头昂起，搓着两双大手，不知道怎么样猜这个谜。其实则这谜并不难猜，相信那过去的晤面，且相信她说的那也许是两个人，原来不过是一个女孩子，就好了。

五

因为成明星的幻想，占据了这个未来女作家的头脑全部分，故当她到上海时，不止拜访过导演××，还用同一热忱，找寻过另一编剧家与导演家××。这个浪漫跳脱的艺术家，很有礼貌的引导她到各处参观了一次，且用乡亲口吻，为她恳切说明“一个明星所必需的天分与忍耐”，又曾为她换过一套照她自己说来“做梦也不会穿上身”的华丽丝绸明星长袍，在摄影架前扮成人所习见又俗气又轻佻的海上明星姿势，照了一个六寸单身相片。事约后两年，丁玲女士在她的上海寓中，说到她那点在记忆中永远使人又愉快又忧郁的经验时，还不忘记同时摹仿乡亲艺术家××的乡亲口吻，轻声的骂上一句湖南人所常骂的野话，接着便说：

“那也是生活！有那么多不同的人，成天在那里装妓女，扮小生，来去忙得成一把扫帚！”

她语气中虽十分轻视当时的电影事业，却正从那方面，严肃的触着了生活的实状。

这作明星的一分经验上，丁玲女士于她的《在黑暗中》一书里，似乎曾借用了那点经验，写过一篇优美的故事。故事名为“梦珂”，故事中说明了梦珂如何到了电影摄影场，见到了些如何意想不到的人物，梦珂的希望在这种情形下是没有了，计划是失败了。但当我们谈着那分经验，以及从经验上所得的感想时，她却说在那方面她方“认识了生活”。她说的十分确实，因为这个人在她的各种旅行经验上，各种短期寄居经验上，公寓里无目的的打发日子，当铺里出出进进，为了应书记考试所有的各样笑话，所有经验都仿佛只是自己本身的事情，经验的积累，也不过使自己多认识些自己罢了。直到同一堆陌生的人，混在一个陌生的场所，点起名来这里有的是大学教授、大学生、由文明戏班改业的丑角、逛马路的瘪三、小家碧玉的候补明星、钱店出身的胖老爷……为了编排一出新戏，各人莫不在所应作的角色身分中，把性格夸张的放大，尽摄影器收入镜头中去，完事散场时，督军便伴着阿三胡闹，老鸨又与大学生拌嘴。一个摄影场同时也就不啻一个缩小的社会。她虽还只算是一个旁观者，却正从旁观者地位上，学习认识了社会上各种类型的面目，以及互相的关系。身分的孤立，增加了她对于别一种人行为举措的注意。明星公司并不能使这个女作家成为银幕之星，却教给她上了一课有意义的人生课目。她在那里得到了客观体念社会各个阶级各个分子的机会。她走近了这种事业的边缘，虽不能深入那种生活，短短期间中，当真已可谓不虚此行，学得了许多此后必须明白的东西了。

当丁玲女士同我说到这分经验时，海军学生则在这种失败的生活计划上，尝作微带嘲讽的叙述。因为他始终皆不相信上海方面那种生活有她的份，始终皆认为丁玲女士的打算，只是近于乡下人与小孩子的打算。因此一到事实代为证明了她非放弃了作明星的希望不可，放弃那方面也就正是还有一种更光荣更重要的事业等待她去开发时，海军学生可不愿意放弃那点当着老友调谑新妇的权利了。海军学生欣喜复述过去一时两人的一段对话！

“频，你的文章又退回了，习气那么坏，我们有什么希望可以把这些势利编辑的脖颈扭转来？希望他们自己的脖颈扭转既不可能，不如自己来办吧。”

“自己能办当然好得很。可是从什么地方得钱？你爸爸若不送人那匹白马，现在一定就有办法了。”

“你答应尽我说出我的意见，且让我去试验一下，我们就准可有钱出周刊了。”

“你的意见就是做明星。你不要说办周刊去做明星，只说想冒险去试试那份生活好了。”

“我真想试试。我有把握，只要导演的不是瞎子，我有把握可以从那方面得到我们所希望的一切。”

男的这时自然就说：“你所有的不是把握，只是勇气。”

“有了勇气就可证明我一个人跑去决不至于吃亏。一分成功原就需要一分勇气。”

男的不说什么，只是微笑，女的便接着说下去：

“你同从文做诗写小说，尽那些作编辑的刻薄你们虐待你们。我可受不了这种侮辱，我看不起那些东西，我要去演戏。各自做各人的事业，到明年后，你的诗或者还因为是送给我的，方有编辑来看，方有读者欢迎！”

“你若相信你自己的勇气，能跑进上海 ×× 公司会见那里的经理，或那里的导演，你就去你的。”

“那么我们说好了，你也得有勇气，不把我半途拉回，也不要妒嫉我的出名！”

时间过去了。一切人事的安排皆在时间中改变了。

海军学生翻开桌上一本相片保存册时，就说：

“×，为什么你把××替你拍那张明星式的相片撕碎？你为什么不留下来，让它帮助我们在回忆中年青些？你现在只想正正经经老老实实来写几个好故事，但你过去一时，实在以为自己应当成个明星，你应当留下一点点能够帮助你思索一下你活下来同这个世界所发生的关系的东西，现在你却只剩下一个留在眼角嘴边的微笑了。”

“可是年青时一分胡涂打算，一分经验，虽不能从那张相片上把我带回‘过去’，频，你的幽默倒明明朗朗，永远是现样子！”

海军学生的为人，是在微笑里虽不缺少幽默，在言语里却不容易找寻所谓幽默本质的。就在这种故事叙述上，有时说得比我所记下的或稍粗一点时，便得丁玲女士把头摇着，连声喊着：“频，频，不要说怪话，再说我就生气了！”海军学生方另寻题目，同朋友谈其他故事。

说到这些事情时，已在几人同住上海的时节，故我想把时间仍然带回去几年。因为关于两人第一次过上海，固然就试验了那作明星的计划，第二次过上海，以及因那次过上海，方如何建设了她自己的事业与命运。但还有些琐事，发生于这两年中，在这里我并未提到，在《记胡也频》一书里，当时也不提到。很显然的，这个人的事业与命运，却又与多数小小事情具有因果关系，正如这个人的作品一样，不明白她生活环境，与当时读某几本书的影响，就无法理解她的艺术与作品中理智观念形成的因缘。不明白她生活上发展的秩序，对于此后她的创作生活也就无法说明的。

他们在北京从山上迁入城中，为的是城中有个公寓，主人那么知趣，对于从事文学创作的青年人，又那么发生兴味，故两人既不能长住西山，自然没有什么理由，反对朋友的提议，不把行李迁入这个公寓了。到了新的住处后，丁玲女士一面还想创作，一面眼看到在补习学校同住的曹女士与钱女士，一个已考入了北大，一个已考入了师大，自己却只是那么把生活搁在梦里，把希望写在水上，未免有些不安。两人一下山，买菜的不必上街买菜，做饭的也不必两手抓取煤球或向井边提水擦洗碗盏了，闲暇更多了些，两人便过北大去听了些随意课。虽所上的课不到三五次，但另外在公寓中，却实在读了不少书籍。丁玲女士自己既生成一个充满生活幻想的头脑，实际生活又那么窄，因此每一本书每一个作品，尤其是那些翻译作品，莫不成为这个女作家精神方面的营养物。书读多一些，感情宽了一些，对于人事与文学见解也更深沉了些，因此朋友方面，皆对于她得到极好的印象。朋友多在北京号称“作家”的大学生，每当畅谈一切时，辞令与观念，在这个女作家面前，皆见得很平凡很小气。从这种谈话中丁玲女士的所得感想，只应当是：“这全是一群无多希望的人物。”假若因此还增加了她一分骄气，这骄气对于她是有用的，不可少的。某种人有了骄气，只给他自己事业发展上加上一个限制，但这个人却正需要那点对于一般男子理性平凡行动夸张而引起憎恶与轻视的骄气，方能认识自己的工作和责任。因之，当她能执笔写作时，便产生了《在黑暗中》、《韦护》、《水》、《母亲》诸作，自觉应当放下她那枝笔，去接受一点更严肃的教育时，便毫不迟疑，毫不矜张，走入了广大劳苦群众的集团里，在纺纱厂中，卷烟厂中，橡胶鞋厂中以及其他处所，沉默无言的作了一个工人，在极其自然的情形里，去同那些作工女人共同生活，认识那些工人的外表与灵魂，且帮助那些工人得到生存者必备的争斗知识。她老早已看出了一个男子有了点聪明与世故时，就如何不适宜于社会较远理想作牺牲，也就如何不像个有希望的男子。有勇气忠于理想能为理想出力的人那么少，故后来写作生活与革命生活成为他自己一分责任时，便越觉得“勇气悍然”，是现代人所不可少的一分技能了。不过，在当时，这女孩子那分骄气，是隐密的，不形容于颜貌间，从不曾为一般常相过从的人所感觉得到的。

朋友们所得于丁玲女士的好印象，实不在她那女性意味方面。她能给朋友的是亲切洒脱。她既不习惯使用脂粉，也缺少女性那分做作。她待人只是那么不可形容的爽直，故朋友相熟略久，就似乎极容易忘掉了她是个女人。

然从另外一方面说来，则凡属于一个女子某种美德，她却毫无缺处。她爽直并不粗暴。她无时髦女人的风韵，也可以说她已无时间去装模作样的学习那种女性风韵。她容易使熟人忘掉她是个女人，不过因为她没有一般二九年华女人那分浮于眼眉形诸动止轻佻风情罢了。认识她灵魂美丽天分卓绝的，只是很少几个朋友，一般人对于她的美丽处与长处的认识，则必需数年后从她作品上方能发现的。

两人迁至东城后，当时的青年作家×××××××× 等，皆常常与他们往来，来时不是共同在北河沿脏沟旁散步，便是在公寓中小白炉边吃小铁锅煮就的烂饭。这些人莫不较之海军学生著名于时，事实上则一段短短的时间中，就证明了这些皆无使人特别注意的聪颖与学殖。这些朋友来到时，海军学生与任何人皆作过激烈冗长的辩论，畅谈各方面的感想。丁玲女士则常常在这种辩论中微笑着，注意朋友中被海军学生谈锋挫败的脸色。这些朋友或说到某报正预备印行什么周刊，某报纸某人，已接洽了一个副刊，这朋友走后，一对年青人总若有会心似的默然微笑，最先开口的必是丁玲女士。对于这些消息受刺激最大的，不是海军学生，不是我，却常常是还不曾执笔作文的她。

她总慨乎其言的说：

“频，这些人要办什么，天生就有那种好运气，一下子可弄好了。”

那海军学生还记着先一时某朋友的话，便只会说：

“休，休，（他叫我）我们赶快也去问问，不要他们的稿费也行吧。我们写一个信去问问，还是亲自去问问？你说。”

我有什么可说？我只能为他那急于自见寻觅途径的勇气而微笑。

我的意思只以为，“我们假若对于事业还有一种信仰，就不必为别人眼前一点点成就红眼。纵各方面毫无出路，也不妨仍然在沉默中支持。若只顾同身边几个人计算得失，那我们未免太小气了。”

我记忆大约也稍好一些，为了使海军学生沉静点，且常常在回答海军学生意见中就指出一些当前成功不足计较的事实，并认为我们必然得在某种厄遇中过些日子。若不记着这些当然失败处，只亟亟于寻觅出路，则结果又是碰壁。因为当时的北京报纸，事实上凡可以印行副刊的，我们皆似乎已直接间接问过了，我们只希望每星期能占有什么报纸篇幅一角，为他们白尽义务编个副刊，结果还是无一处接洽得成功。各个报纸皆似乎随时可多添一个周刊，但轮到我们时，则地位已满，再抽不出空处了。

我照例不会因作品缺少出路，便改变工作的目的，海军学生则照例不会因过去的失败，馁去寻觅出路的勇气。他认为机会来时，总仍然伏在书桌边，即刻捏了笔，飕飕的为编辑为朋友写起信来。

丁玲女士同我意见常常相近，一见海军学生那副神气，就要说：

“频，得了！你们不是文学团体中人，你们文章人家还不登载，何苦来又去做这种可笑的事情？”

海军学生自然还得把信写下去，三人中只有他不觉得这件事情可笑。信写成时，他还担心丁玲女士会撕去，便远远的站在房中角隅里，一面摇手制止丁玲女士近前，一面把信摊开，念信中的文字给我们听。

“××先生，我们这里有几个年青人，想在贵报办一个《文学周刊》，范围包括了……”

这种信既提到几个人，当然就应署我同海军学生的名，我虽明白那不会有什么结果，总仍然得签个名，尽海军学生把信付邮。丁玲女士虽明白那封信投去等于白寄，也仍然常常陪了这个急性勇敢的海军学生，从北河沿向北，走到北京大学第一院门前，眼看到海军学生亲手把那封可笑的信塞进邮筒后，再相伴回家，等候报馆的消息。

我们皆知道所接洽的刊物不能成功，我们却从不放弃那点向人接洽的机会。现在回想起来，这点回忆是常常弄得人十分忧郁的。为了这些胡涂冒失的经验，我们学习明白了许多问题。那两人皆因此明白了社会历史相沿习气所染一切制度的荒谬，要纠正它，改革它，走上了自己应走的大道。且在行为上还缺少了些机警，一下子小小疏忽，就掉到目前的深坑中去了。我则对于人事俨然明白了更多，终日为一些记忆现象所围困，变成更固持于一己工作，不问世俗成败，同一般所谓时代兴味取分离样子，简直是一个又迂又腐的人了。

六

当两人在西山无法支持下去，迁入北河沿一个公寓里时，原为了先从朋友方面，就早知道那公寓中有个明理知趣主人的。这主人风度同性情，使人一想起来便觉得混合了快乐与忧愁，从他那份性格上，总仿佛可以接触了些又荒唐又微妙的人生。

这公寓主人做的是市侩行业，对于账目却似乎无多大兴味，他所欢喜的只是同人来谈李白、杜甫、摆仑[1]、雪莱。他并不懂诗，对于诗人却古怪的十分同情。他从早年夭死的刘梦苇君方面，听说过这个世界中若干诗人文人的事迹后，便把自己变成一个满有意思的人物了。他明白住在他公寓中，正有若干诗人与若干文人，总想方设法同这些作家接近。不拘什么时节，遇着本地某种报纸副张上，登载有某房客一首诗一篇小说，为他所发现时，就赶快拿了这份新闻，向各个房客去报告（他与人提及这件事情时，永远用的是一副装模作样的神情，而且细声细气）。他不单向熟客报告，也欢喜向生客宣传。从这种行动上他所能得的快乐，似乎常比某一时得到什么客人一月租金还满足。

---

[1] 今译拜伦。

他总装模作样的站到客人的房门边，说了几句“您下堂了”、“今天好”、“朋友不来”这一类闲话，到后才把预藏在身背后业已摺得妥贴的报纸，递给这个客人，于是轻轻的说：

“× 先生，您瞧，您瞧，这是咱们院子里 × 号 × 先生作的，这是一首诗，写北河沿儿大树、白狗，写公寓中抽苗的茨菰、天空中带哨的白鸽、厨房中大师傅油腻腻的肥肚，七个韵脚，多美的诗！”

客人或不明白他意思所在，他就重复解释这是什么，为谁写的，写诗的人又住在公寓中有了多少日子。客人或听明白了，把诗看过后对于他热心处感到兴味，微带谐趣的回问：

“掌柜的，你懂诗吗？”

那时这掌柜的，方记起了面前说话的一个，既不是诗人，又不是文人，且认为这住客不能理解他是一个如何对于诗人文人爱护的主人，稍稍感到失望了，他便装作十分谦虚，谦虚中却蕴藏了一分自得的神气，向那客人说着下面的话语：

“我做生意的懂什么诗！ × 先生，您同 ×× 号先生不常谈过吗？同 × 号的先生不成天一块儿上课吗？他们无事也常常同我谈些读书人谈到的事情。我是个生意人，不上过学，认字也不多。（他笑。）‘十九世纪的浪漫派走入颓废道路’。（他随便插入那么一句话后又自得的微笑。）× 先生说丁尼生也住过像咱们这种公寓，多古怪呀！（他为了提出丁尼生名字，又不由得不微笑。）没事时您先生请赏个脸儿，过柜房坐坐，喝杯茶，谈谈天。……”

他一面说着这些话时一面总是微笑，因为有多少说不出口的话，无机会来说，皆只好融解在那种微笑里。

他的话也许说得比我所记载的更文雅些，把这个对于他缺少敬意的客人即刻请过柜房去，或者稍过一时，又想出别的方法，拉客人过柜房去。到了那里，大学生一看，墙头上这边是隐士装扮曳杖而行的陶渊明，那边是小生装扮负手觅句的李长吉，近窗边又有个海盗神气的五彩摆仑照片，大炕头则牧师模样的人物除了但丁还有谁那么瘦？……于是搁账簿的小桌上，发现了《小说月报》与其他文学杂志，大炕头发现了《新潮杂志》，这主人那个微笑的脸子，也摆在带了惊讶眼光的客人面前。

这客人如果稍稍细心一些，将更加觉得希奇，便是那些杂志封面虽那么旧了，却依然十分整齐干净，而且封面一角，还带有大学生所熟习的青年诗人名字题在上面，这客人会想着：

“这掌柜的真看不出，原来还是个斯文人呀！”

他不必客人那么说，就可以从客人惊讶神气中搜索出那两句话的意思，他便微笑着，带着抚慰意味，把话继续说下去。

“× 先生，您请坐呀！这地方太脏，不成个样子。× 先生，您坐坐，我们谈谈。”

谈些什么呢？自然就是诗呀文呀的一大篇。他能够复述从旁人所听来的一切文学掌故与新颖名词。他并不看过多少书，却明白许多文人的籍贯生活。他不单明白本国过去现在的文豪著作名称与其他种种，外国过去现在的著作家也似乎十分熟习。

……这些那些他全知道他们的根底，他就爱那一点儿。他服侍你，同你要好，尽你欠账，又并没有何等野心。他别无所求，为得只是要你把他看同一类。他的行为是不乐意成为市侩的努力。这样一来大家当真也好像把他看得不同了。因为住处有一部分是未来的文人，对于这一部分人，这掌柜也似乎多需要一些忍耐了。应当向什么人要一点钱时，走到那个人的房中去，坐下来，还不说话，这一方也明白来的意思是什么了，却不必提近来苦况，用为搪塞索欠的开口，不妨尽同他谈着古今中外文学家的厄遇，以及在如何情形中又如何遇着一个贤主人（为了凑巧的原因，再说一点更合题的话也不妨），到后，这掌柜的会从古来世界上的事情，推想到目前的事情，不单是不愿意启齿窘了住客，并且在开晚饭时节，还一定不会忘记特别把饭菜开得丰富一些。……

上面所摘引的，是我在《记胡也频》一书上为这个公寓主人所作的剪影。海军学生夫妇两人，当时便得过那主人的种种殷勤，支持过若干日月，且在记忆中保留了一个又觉得感激又觉得好笑的印象。

丁玲女士被人当成作家一般尊敬，大约也从这公寓主人为始。因为她还没有开始执笔以前，就早得到这主人善意的待遇了。

海军学生靠写作为生，在坏习气下既毫无出路，日子过去了，每个过去的日子，皆带去了些未来生活的勇气，另一远方却有个年近六十的小学校长，常常来信告给他们，外边不易支持，还可以回到她身边去，故公寓中的好主人，以及北京城秋天来的干净空气皆留不住他们，恰好那时节两人在公寓方面又有了些小小故事，因此丁玲女士就离开北京回了湖南，过不久，海军学生也跟着走了。

回湖南后海军学生便开始写诗，所写的诗不外乎两人随了每个日子而来的和洽无忤的友谊，使那个偏执热情的年青男子，从女子方面所得到的眼睛、鼻子、两条臂膊、一张口，或别的什么印象，处处惊讶出神，又在小小分离上与小小冲突上，让那些事成为习惯的各样嗜好，折磨到心灵同身体，故写出的诗，形式同意境方面，皆离奇少见，且充满了狂热的感情。

两人回到湖南住了一阵，丁玲从母亲方面得了些钱，第二次预备出门时，大约北京还有些痛苦的记忆，故两人并不预备过北京，最先只在长沙住下。长沙觉得不好，两人搬往武昌。武昌又觉得不好，两人再过上海。上海地方那么大，住下来自然很合式了，又因为那地方耗费太多，所带的钱极其有限，演电影作明星的计划，则一临实地却已证明了完全是个梦想，在北方，海军学生正慢慢的把他的作品找到了出路，若机会不太坏，大约已可每月得到二十元左右的稿费，两人且记着北京公寓中欠账的权利，虽明明白白知道北京方面一些看来使他们不愉快的脸子，到北京时还有机会见到，可是他们依然又过北方了。

到北京后他们就住在西城槐树胡同，丁玲的希望只是一个月约十五六元的书记位置，各处设法皆难如愿。似乎为了避开旧有熟人，故特意找寻了那么一个偏僻住处。住处既极湿暗，生活又沉闷无聊，故两人皆萎悴了许多。那时为了省钱，丁玲女士又把烧火煮饭的职务消磨日子，朋友来时，又有机会可以见到她在屋外廊檐下劈柴了。

两个月后，两人第二次迁入了北河沿某公寓，建议的为刘梦苇。几人眼看到他们重来，北方新起出版业的兴旺情形，皆觉得有尽力把自己加入这事业的必要，恰恰大家友谊又好了，于是便有人提议如何来办个刊物，成立个社，这社从“未名社”得到暗示，便取名“无须社”。社名含义既极其幽默，加入份子也不从任何方式定下标准，故这社实在也不成个什么东西。使这个团体成立的为丁玲女士，她因为无作品就始终不承认是社员。我虽有一本书拟定作无须社丛书之一，我就从不参加他们的讨论，也全不明白这个团体究竟有几个人，选定由谁负责接头，且预备做些什么事。

日子过去一大堆后，南方的革命军从湘南北伐，军事方面进展得异常迅速，武汉解决后成为军事政治的中心，我们的熟人皆走到南方做事去了。我们的熟人，从北方到南方后，都觉得南方一切皆显得极有生气，便是写作小说，也认为非到武汉玩玩不可了，因此常有信来问我们，是不是想作事，若想作事，一到武汉总有办法。当时我们都没有离开北京的意思，认为不必离开北京，理由又简单又切实的是丁玲女士。我们几个人商量看是不是过武昌时，她意思只是："若想做官，可过武昌，若想作文章，不应当过武昌"。她那时虽蕴酿了动笔的欲望，却并不写出一个短篇。她不过因为海军学生生活的基础刚刚稳定，不愿意他又放下这份事业，另作计划罢了。那时节海军学生从晨报馆与其他方面，每月已可得到二十来块钱，两人就靠这个收入应付一切。

他们有了点钱，只想得到一个较好的住处，所以每天无事就过各处去看住处。两人住过银闸，住过孟家大院，住过中老胡同，最后才迁入北河沿的汉花园公寓楼上第十号。

在那公寓楼上他们大约住了将近一年，那时的生活虽仿佛不很窘迫了，由于支出方面不甚得体，两方总仍然常常显得极其狼狈。冬天来时，房中虽有煤炉，却无煤块，客人来时，就得女主人用旧书旧报作为取暖的燃料。报纸完事后，外面寒气十分逼人，室内无法工作，两人就坐在床上看书。

房租到期无法应付时，两人便常常不在家中，各处乱跑。在家为掌柜的见及时，便装作出门借钱的样子，用围巾紧紧的裹了身体，出门向北或向南踏雪散步，直到夜深方敢回转住处。

两人在北京住下来，总像等候什么似的。等什么？两人似乎也不明白的。但当真等着，就是等着丁玲女士写作的机会。

过分的闲暇使她变成一个沉静的人，由于凝静看到百样人生，看到人事中美恶最细致部分，领会出人事哀乐最微小部分，海军学生长时期相伴的一份生活，培养到她的感情，心灵与智慧已成熟到透明如水。她等着写作的机会，“成功”与“荣誉”却同样又在等她！

她于是开始写了《在黑暗中》以次诸篇章。对于这个新作家的写作，给了最大鼓励的，实为那时《小说月报》的负责者叶圣陶。《小说月报》用了她的文章，且随即就寄给了一笔出乎两人意料以外的报酬。得到这笔稿费后，两人真不知道怎么办。作品刊载后，就证明了编者的见识，超人一等，对于这无名作家作品的采用，并不见得错误。《小说月报》一万余固定读者方面，皆希望明白作者是谁，其中一定还有与作者平时常相过从的人。与他们相熟的人，决想不到那么一个朴素圆脸女孩子，写得出这种感情强调色泽鲜明的作品。丁玲是谁？假若是一个女子，这女子又是谁？真是一个希奇的谜。很觉得有趣，也很可以明白一般人的意见简陋，想及时永远令人觉得有点难受处，便是某一些熟人，直到很明白地告给这种作品是谁写作时，他们还表示出未能相信的神气！

文章既有了出路，两人的生活，自然也有了新的设计。两人皆觉得应当多念些书，且当真感觉到非念书不可了。想学好了日文，以为将来稿费能每月固定得到若干数目时，两人或可以同时过日本去，便从朋友中商量如何补习日文的方法。

那时节，朋友中学日文的无一人，朋友的朋友，却有一个据说已经能够用日文译出书的 × 君。但当时想把这人请来谈谈，与 × 君相熟的朋友又恰恰离开了北京，无人可以代为介绍，也就罢了。

我则恰如在另一本书所记，因中国的南方革命已进展到了南京，出版物的盈虚消息已显然有由北而南的趋势，北京城的好天气同公寓中的好规矩，都不能使我们承认老呆在这个砖头垒就的大城中为得计。并且在上海一方面，则正是一些新书业发轫的时节，《小说月报》因为编辑部方面负责者换了一人，作品取舍的标准不同了一些，在北平汉园公寓写成的《柏子》等作，已经给了我一个登载的机会，另一登载我作品的《现代评论》，编辑部又已迁过上海，北新书局与新月书店皆为我印行了一本新书，我觉得我在上海即或不能生活得比北京从容些，至少在上海也当比在北方活得有意思些，故我不能尽在北京住作过日本留学的空想，就从海道把一点简单行李同一个不甚结实的身体，搬移过了上海，在法租界善钟路一个朋友代为租妥的亭子间住下，开始了我上海的新生活。再过了两月，他们两人又用另外一种理由，也居然到上海来了。

七

两人虽在上海住过，这次来上海既不预备久住，故一来就暂且住在我那地方。那时节我住处已经从亭子间改为正楼大房，房中除去一桌一椅一木床外，别无他物。两人因此把被盖摊开，就住在我房中楼板上。

两人平时虽极亲密，年青人的个性既强，意见或有小小冲突时，抖气吵闹，大凡青年爱侣不可免的一分任性处，自然也可以在两人生活中存在。设遇一个作出“什么皆不需要”，一个作出“要走你即刻就走”的神气，把局面完全弄僵时，我若在场总极力转圆，希望他们各人节制自己一会儿，直到毫无办法时，我就堵住房门，不让那个要走的能走，也就是省得另外一个另一时节各处坐了汽车去找寻。同时我从他们一刻大吵大闹一刻和好异常的生活上，且明白了少年夫妻自然最容易发生这些事情。我把这事情称作“感情的散步”，就是感情离开固有生活的意思。我一面劝解，一面必在心中打算：“我若是懂事明理的人，我会看得出这是用不着救济的事。一份凝固生活有时使人厌倦了，一点点新的发现照例就常常使人眩目。然而这眩目决不是很久的事，一时的幻觉必不至于使人永远胡涂。同时，这过失若不过是由于过分热情而成的多疑与多嫉，则只需要一分稍长的时间，一切误会就弄明白了。”我先就算定两人一切误会的理由，决不出那于个海军学生的褊持热情疑嫉以外。故一面劝他们，请求任何一个节制一下自己的感情，一面且明明白白的告给他们，我的意见不是担心他们分离，却实在只是担心过一会儿海军学生没有车钱各处去找她。在过去这种事情却既常由于两人疑嫉而起，皆近想像的问题。这次到了上海后，第一天两人就都带着意见相左的神情。

情形真糟，两人还只住在我那儿一夜，第二早上就为了一点点小事闹翻了。我原在他们身边，视听所及皆迷迷胡胡难于索解。到时有眼睛的不去注意对面的脸色，只知肆无忌讳的流泪，有口的也失去了情人们正当的用途，只知骂人赌咒，凡是青年男女在一块时，使情侣成为冤家以后，用得着的那一份，两人皆毫无节制的应用了。我那时真又急又愁，不明白应当如何帮他们一点忙，做一点于他们两人有益的事情。

我先前还不明白两人争吵的主题何在。后来才明白当真有了那么一个人，凭了一种希奇的机会，居然把一种带着乡巴老的朴质有余技巧不足的爱情，穿插到了两人生活中间。吵闹时节——

男的说："我知道你不爱我，已爱了别人。"

女的就说："你不爱我你才那么不信任我。"

男的又说："我就因为太信任你，你就去会他。"

女的又说："你那么多疑自私，还说在爱我！"

男的又说："我信任你，你就成天到他住处去……"

女的又说："我到他那儿去，你不是明知道为了什么事情吗？"

话说得再重一点时，于是女的就把大衣脱去，把皮夹中所有的货币倒出，一面哭泣一面十分伤心的说：

“频，频，你莫说了，你瞧，我一个钱不要，空着这两只手，我自己走了，你不必再找我！”

男的也仿佛有理由十分生气，接着就说：

“好，美美，你走你的，我知道你离开我就到什么人的身边。”

女的气得脸色发青，一面开门答着：

“是的，我就是去他那里。我爱他，我讨厌你。”

“我早知道你是……”

“那你为什么像疯子一样追我赶我？”

男的见女的尽哭，尽把我送她那副美丽羊毛手套用牙齿咬得破碎不成样子，又见我守在门边，女的并不出门，就十分生气的说：

“你要走你走你的，我不留你！”

女的自然就极力推我，想攫取我衣袋中的钥匙，见我不让她走，就说：

“从文，你这是怎么？你让我走！我绝对不再留在这个房中！你不许我走，我就生你的气！”

那男的于是也说：

“休，休，你尽她走，她有她的去处！”

我让她走我才真是傻子！因为我已经有过了很好的经验，这一个抖气走了，另外一个等一会儿还是得坐了车辆各处去找寻，把熟人处、公园、影戏场，无处不找到。我还得奉陪来作这种可笑的事情。当天找不着时，我又得用一切话语来哄着这一个，且为那一个担着心。日光下头的事全是旧事，这一次自然还同上一次差不多，上海地方那么宽，要我放走了这个，又去陪那一个向各处做捉迷藏的玩意儿，一面还时时刻刻捏着一把汗，以为一个假若因为呕气跳水服毒，一个就会用小洋刀抹脖子自杀，简直是一种无理取闹小孩子的行径，这种行径也真够麻烦人！

女的既不能走，男的后来便又想走了。这海军学生虽然体力比我好些，但到了这些时节，自然不会把我屈服得下，我决不能把手中钥匙尽他抢走。

于是三个人支持下来，两人皆如莎士比亚戏剧中名角的风度，用极深刻精粹的语言，互相争辩同诘难，我则静静的倚定在房门边，看这充满了悲剧与喜戏意味的事件自然发展。

当两人提到一个横梗在生活中间人时，我当初还以为别是这海军学生对我有了误会，以为我还会妨碍他们的生活。经过两人的陈述，到后我才明白这件事对我全无关系，却对于我们数月以前在北京无意中谈及的生活计划，大有关系。

原来三人还在北京汉花园公寓住下时，各人文章都有了出路，都以为凭了稿费收入，将来就可以过日本去读书。这种好梦是三个人睁着眼睛同做的。因为想过日本，就提到学日本文，因为应学日本文，就想到教日本文的人。朋友的朋友，既可教日文，我们就先假定这是我们的先生了。有了这点因缘，我过上海后，另外一个朋友却居然把那个学习日文的 × 先生找来了。

自然的，这先生上课一礼拜后，两人之间便皆明白了这种学习有了错误，她并不适宜于跟这个人学习日文，他却业已起始跟她在学习爱情了。

最糟的事便是引起问题的女人，不只是个性情洒脱的湖南女子，同时还是个熟读法国作品的新进女作家，她的年纪已经有了二十四岁或二十五岁，对于格雷泰·嘉宝《肉体与情魔》的电影印象则正时常向友朋提到。来到面前的不是一个英隽挺拔骑士风度的青年，却只是一个相貌平常，性格沉静，有苦学生模样的人物，这种人物的爱情，一方面见得“不足注意”，一方面也就见得“无害于事”。因此，倘若机会使这样两个人单独在一处，男的用着老老实实的，也俨然就如一般人所谓乡巴老的神气，来告给女的一切敬慕以及因此所感到的种种烦乱时，请想想，那个熟读《人心》等书的女子，她将如平常自以为极其贞静的妇人那样，认这种事情为一种罪恶，严厉的申斥男子一番，还是懂事合理一点，想出一种办法来镇静一下那颗乡下人烦乱的心？并且她已明白她应当怎么办合理一点，也许还稍稍带了好奇意味，想更发现一点点分内所许可她发现的东西，就不再注意海军学生的感情，海军学生又看出了这件事情，只由于自己的年龄与性情还不能作一个“绅士”，那么，此后将作成什么结果？

事情就恰恰如此，问题也并不很希奇，全因为各人皆太年青了一些，皆有感情，却不知道如何节制自己的感情，皆需要理智，理智到了这时节，却逃避到远处，或为偏见与热情蒙蔽了，故两人虽从北京到了上海，那些纠纷却仍然不能脱身。为了逃避这种纠纷，两人还想同过杭州，从后来所得证明，则这种逃避，也依然全告失败。

从两人问题上看来，我当时的意见，就只是希望海军学生学得老成一点。只要他老成一点，这事情就容易处置了。

海军学生在当时最缺少的就是理性，若我不见过他那次对于丁玲女士的行为，我还不能相信一个男性在这方面缺少理性时节，灵魂粗暴能到什么样子。同时我却在这方面，另外又多增加了一分知识，便是一个女性固常常需要柔情，但柔性在某一时节，失去它的用处时，非常的粗暴，又似乎更容易征服她的一切。

两人在言语方面质问与责难，海军学生完全失败时，就沉默无言，脸上现出悻悻神气，走过丁玲身边去，用腕臂力量挟持到她，或用拳头威吓到她，我虽然一面劝解一面警告他："小胡，小胡，你这办法真不高明，你这样欺凌她不配称为男子！"他却不顾一切，总有方便把他要做的那种武艺做完。很古怪，那么说着闹着绝无妥协的丁玲，则每到这种情形下，反而显得异常柔和起来。若我所注意到的并无多少错误，我可以说她先前正缺少些出自男子的隐密事物，因此一来，她便满足了也安静了。

两人到下午一点钟时，似乎各人皆把理性找回来了些，一同向我道歉，皆以为不应当把我为难，三人便笑着离开了我那住处，同过大马路吃了一顿饭，再过商务印书馆取了几十块钱稿费，还很快乐的看了一次电影，又在一个小馆子吃了晚饭，回我住处谈了一晚各人的计划，第二天一早，两人便过杭州西湖过日子去了。

他们过杭州约六天，某一晚上，这海军学生又形色匆匆的跑到我的住处来了，我问他为什么又单独跑回上海，他却坐在我的床边，凄惨的微笑，告给我他已准备不再回转杭州。我问清楚了丁玲还依然一人住在杭州，他却又是在一次流泪赌咒的情形下跑来上海。于是我就同他在一个大木床上躺下来，详详细细究询他这件事前因后果，听这个人作一切不离孩子气的申诉，且记着这件事每个要点，等他无话可说时，便为他把这件事从旁观者看来各方面必须保持的最合乎理想的态度说明。因为他尚告给我两人虽同居了数年，还如何在某种“客气”情形中过日子。我便就我所知道的属于某种科学范围的知识，提出了些新鲜的意见，第二天，就又把他打发回到杭州去了。这次回去，我对于海军学生所作的一番劝告，大致很有了些用处，风波平息了，一切问题也就在一份短短岁月里结束了。

两人住在西湖葛岭一个单独院子里，大约将近三个月。三个月中的生活，或者因为新增加了那从前所缺少的成分在内，故两人简直像一对同度蜜月的伴侣。春天的西湖既使人安静舒适，他们又认识了几个在艺术院教图画的男女朋友，日里玩得极无节制，晚上仍然还可写作文章。海军学生到后与朋友们谈到西湖时，常用作新郎的风度，以为在西湖所过的日子，回忆时使人觉得甜蜜快乐。两人为了天气渐热，不能再在西湖住下，回到上海法租界永裕里住下。八月间我住在西湖灵隐石笋峰，两人赶过西湖，邀我过葛岭去看他们那住处时，海军学生便告给我，他写的《来了客的黑夜》那个聪明贼人，当真从某处爬入，某处逃走。且指给我看他每天坐在什么地方谈话，坐在什么地方做事。

八

两人住在上海永裕里十三号三楼，是间髹了庸俗绿色油漆充满油漆气味的楼房。把一铺租来的大木床，安顿在房间中央后，前面放了一张写字台，后面又放了一张写字台，靠墙边则有一个书架，一张方桌，四把椅子。墙头上则挂了蔡威廉女士所作的大幅丁玲画像。煤油桶、米袋、打汽炉子，以及大小碗盏，平时完全搁在床底下，需用时方从床底拉出，不需用时又复赶快塞进床底。为了吃饭，两个人每天大约下三楼提水六次。点汽炉子，用照相框反面作为砧板，把小洋刀切牛肉与洋葱，则归丁玲女士。海军学生当来了客，发现了还缺少什么作料，或必须加一点菜蔬时，便救火兵模样飞奔下了三层楼，冲出衖堂大门外去，购买那一点点必需的东西。

两人一进新屋，刚把什物安排妥当后，就开始坐下来写字。写些什么呢？从住在二楼的二房东看来，总以为是写“信”。吃饭以前她上来望望，询问一下两人需要什么当就便为他们上街捎来，那时节眼见到两人各自坐在房中一隅，完全是写家信的神气，伏在桌边只是写。这房东为了好奇，吃饭以后又借旁的原因，跑上三楼来看看，只见两人还依然各自坐在写字台边，写那些永远也不会写完的信。在房东意思，实以为“若这不是写家信，除了写信还有什么可写的或必须要那么忙着写的”？女房东仿佛常常猜详着，可是决猜详不出什么结果。

两人先前一时那点龃龉处，既俨然业已完全忘掉，新生活又复在快乐中把日子打发下去，工作事业则由于异常勤快得了各方面的出路，于是日子过去了！丁玲女士的名字，在北方、在南方，皆被年青人用一种亲切的友谊加以注意，成为一个非常时髦顺耳的名字了。《在黑暗中》一出版，作家间亦无人不承认“这是国内一种崭新的收获”，这收获又显然如何超越了稍前一时代的作品标准，另向一新方向上展开与突进的。

那时节女作家中几个人，冰心因病倦于写作搁笔了，沅君（淦女士）写作“隔绝之后”的时代已经稍稍过去，努力研究词曲去了，叔华明白了她的所长当在绘画，埋头于宋元临摹，不再写她的小说了，同时女作家中间或还有写作陆续发表的，如苏雪林、陈学昭，虽各把握了一部分女性读者，较之丁玲女士作品笼罩一切处，则显然无可颉颃，难于并提。写作既出了名，从写作上得到了生活的意义，故他们所过的日子，虽仍然常常贫困得十分可笑，却感到了工作的严肃，既不自满也就不能自弃。

两人在西山时生活方面常像小孩子，到了上海，两人依然还像小孩子。为了每月房租将到期，各人赶忙来写小说，一写成时就送过拿钱最方便处去，从编辑处取得了通知单，又从会计处或营业部换得了一叠钞票，得钱后，两人或一人在街上扬长走着，大街上各种商店的临街大窗橱内，陈列了种种货物，皆常常把这个路上人吸住，且即刻诱入铺子里面去，等待可出门时，钱夹中的钞票减少了。钱少了，胁下自然就多了一个盒子，盒子中或是可吃的，或是可穿的，或是可以摆在窗台上的，总而言之则大多数是两人不必需的。男的只欢喜为女的买贵重香水、贵重的糖果、值钱的花边、值钱的鲜花，女的则欢喜为男的买价钱极大的领带，以及其他类乎这种东西的小玩意儿。至于两人同时能走入商店则自然更容易把钱花尽了。设当时只是一个人，这人把所买来的废物携带回家中，笑嘻嘻的共同坐在床边来开看盒中所有时，一个说：“瞧，这样好的东西，只六元，你不觉得价钱真公道吗！”那个必说：“妙极了，好极了，我欢喜它！”不管买的是什么，两个人似乎意见皆十分相近。不管买去了多少钱，当两人把新买东西展览欣赏时，其中一个提及钱的其余用处，故意来扫另一人的兴味的事情，绝不至于发生。

新的东西若是糖果，便吃掉它，若是花，就插到书桌上那个小小瓷瓶里去，一同忽远忽近的来欣赏它，若是衣料，就披在应把这衣料作衣的肩上去，指派这人在楼上来回走着，若是领带，就即刻掉换另一领带。必需到后两人中的一个，在另外一种声音一派空气中，仿佛醒觉似的记起了新取稿费正当的用途，两人才来谈及所取得的数目以及业经花去的数目。到这时节，倘若打算一下，剩下的又不够支配了，自然就又得派海军学生作那件老事了。因为房租不足或其他必需用款不足，海军学生夹了新买来的衣料，在康悌路、马浪路、贝勒路，各马路边沿上忙匆匆的走着，敏捷的钻入一个小押当石库门里，又敏捷的从这种大门中跑出，次数似乎太多了些，说来真毫不出奇了。

记述到这一点情形时，我总得想起：一种有秩序的生活，似乎正在有意识的逃避到这两个人，故总永远使两个人同小孩子一样。然而也正因为两人这分天真性情，才作成了两人此后的命运。丁玲女士早把一个妇人所必需的家务趣味与娘儿们计米较盐屯私房赚小钱的妇人当然性情失去，故两个人同时把成为俗人的机会也失去了。两人性情天真处，应遮盖了两人因天真而作出的荒唐与疏忽行为，因为它是美丽的，正如他们的天才一样，在俗人不易发现，不能存在的。

当时两人既异常努力，丁玲女士成绩又特别出众，恰当上海书业风起云涌的时节，正有若干读书人视新书业为利薮，各就手腕之修短，集股开办大小书店与刊物，各个书店刊物编辑人皆莫不介于劳力与资本家之中间。编辑人莫不有一面渊源，故两人皆不辜负这种机会，在生活督促与友谊督促两种意义中，用全力写了不少文章。

上海的《中央日报》总编辑彭浩徐，找海军学生去编辑那报纸副刊，每月有二百元以上稿费，足供支配，三个人商量了一阵，答应了这件事后，就把刊物名为

《红与黑》，这红与黑成为此后《红黑》杂志的胎儿，正因为这刊物，后来才有《红黑》的计划。三人既应允了共同来维持这个刊物，由海军学生出面作事，海军学生每夜便得过望平街转角处一栋老旧房子里，从走动时吱吱嗝嗝的扶梯，爬上摇摇欲坠的三楼，坐在办公室一角，发出编好的稿件，就看总编辑一面写本报社论一面吸纸卷烟，直到副刊最后清样看过后，方坐了浩徐的大汽车回家。丁玲女士则有时同去，有时又独自在家中等候，或一个从报馆刚把事情办完，一个在家中的短篇小说也写成了。两人不管时间早迟，总仍然有许多话可谈，第二天仍然很早就爬起床来，继续做夜里未做完的事。

两人生活既然好了些，从前在北京时各处看房子的习惯，来上海时又恢复了。两人只想找一较干净住处，就终日各处跑去。法租界公园附近一带，每个贴了招租帖子的人家，两人皆似乎从这些家人后门走进去过一次或两次。两人用铅笔记下若干门牌和房价，有时还同二房东讨论一阵月租，说妥了，或预先还放下点点定钱，临出门时总嘱咐那房东说：“定下了，定下了，莫另租人，后天一定搬来！”（其实只须一出门，两人把收入一打算，便明白搬家太不容易，定钱又等于白送了。）这时节或者那二房东还会在后楼窗口边说：

“胡先生，二十八来，我就不租人！”

胡也频便抬起头来，向楼上人答话：

“当然的，你租了别人，我同你上巡捕房打官司去！”

说了这种趣话后又向身边丁玲女士眏眏眼睛，所下的定钱，仿佛因此就算是并不虚掷了。于是记起这定钱正需要作三天后的什么用处，两人又回家写小说去了。

两人迁入萨坡赛路一百九十六号时，两人皆十分快乐。所住的主人，是一个从某国做工回来的勤工俭学生，或者那时所有的办法皆从法国惯例，房租计需三十一元，包饭计需十六元，每餐限定用刀叉从盘中检取菜饭，每天却同样必有一碗黄花木耳汤，一碟盐水煮的红色虾米，一个带壳鸡子。房东尖嘴瘦脸，如同一个猕猴，说话时则一面伸手尽力抓着自己头发，一面把眉毛聚拢，好像被人逼着还账无法可想的神气。

这房东自己虽是那么一个无趣味的人，却有一个壮丽年青的女人，高个子身材，白白的脸，奶子高高肿起，手脚皆发育得异常齐全。男子虽然说已在某野鸡大学教书，女人似乎并不受过多少教育。女人处处还有乡下人爽直单纯的脾气，高兴时大声的笑，不高兴时就独自跑到楼下厨房去枯坐。丁玲女士看见这房东太太生活得那么寂寞，穿得衣服材料十分好却十分旧，问她是什么时候缝的，她就说这还是半年前结婚的东西。

女人并不算得怎样美，但完全的发育把四肢长得整整齐齐，同时也把肌肉充腴，皮肤膨紧，性情变得天真朴厚可爱了。

先是似乎因为客人房中有糖可吃，房东夫妇来海军学生房中攀谈时间便多了些，等到糖果完事后，房东太太业已成为两个房客的熟人，房东一出外，这女人便跑来同丁玲女士谈话了。

人熟了点，就可觉得出这女人总有些什么地方像匹壮实的兽物，又有些方面近于一个好人。结婚了五个月，五月里穿的单衣，到十月里还只是这惟一当家衣服，天气渐渐的冷下来，各地皆应当烧壁炉或预备其他御寒工具了，这女人则只能把大条毛巾裹在身上肩部与胸部，作成一背心模样，外面仍然罩上那件结婚丝质袍子。也正似乎因为双方皆熟了点，从前成为忌讳的皆忘去了，那留学生对于女人的苛刻也越发多了。海军学生与我皆在一种愤愤不平中故意不甚理会那留学生，却给了那个壮丽女房东一些殷勤与关切。当时两人——把丁玲算进去也可以称为三人，还曾经作出一种可笑的计划，以为当按照这种计划，如何使这女人同丈夫分离，信托我们，让我们改造她，培养她，使她成就一个非常的女人。

但因此一来，那壮丽女人却对于海军学生感到了好处，海军学生原来的计划，虽并不想把他自己穿插在里面，弄出各方面多少口舌和眼泪来，然到了他发现这女孩子的感情如何在每个日子中有所不同时，一点点好奇心或也曾经把他牵引到别一处去做了些小小胡涂的梦。并且过不久，在房东那方面，似乎就有了眼泪同口舌，事情成为趣剧的场面，各方面把事情的原来的真实意思皆弄歪曲了。两个人搬到这住处来，花了那么多钱，赁一间窄小的房子，主要的是能写作。如今既不能做正经事，反而生出些讨厌事情，两人皆觉得非迁个住处不可，恰好我住在新民邨也正需要搬家，故商量去找一相当房屋，预备三人同时可以住下。

为了一种方便的原因，我们住处，仍然选定了萨坡赛路，门牌为二百零四号。在那名为“新房子”的住处，三人中作为海军学生负责的，出了《红与黑》及《红黑》月刊，作丁玲女士同我负责的，出了《人间》月刊，我们在各书店出版取名为第二百〇四号丛书的，计有单行本小说七种，海军学生此后成为问题的禁书——《光明在我们前面》，就在那房子里起首，丁玲女士的长篇《韦护》，也从这屋中二楼产生。丁玲女士一面尽全力写作，一面还把各处《红黑》订户名单，抄到封套上去，一面又忙着办种种杂务小事。第一期刊物在海军学生奔走下出版后，本埠各书店露眼处皆陈列了这本新出的刊物，刘既漂先生所设计的《红黑》封面，虽只那么两个大字，却非常厚重大方。我们三个人坐了车过四马路与北四川路各书店去看我们刊物，只见书店窗橱内皆陈列了这份杂志，且见到一些人拿了这杂志在手中翻阅，几个人便互相会心微笑着，从这一家书店溜出，又撞进另一家书店，快乐得真无言语可以形容。

回家后，大家谈着计算这刊物寄到各处后的情形，且想起书店中买书人情形，我们皆觉得应更谦卑一点来努力了。

过数日，我们轮流各处去打听刊物在本埠的销数，所得的消息使我们更觉得前途充满了希望。

我们自己知道各人的力量十分有限，几年来在十分卑微里努力，也只是希望各能尽点力于自己这份事业的信仰上。我们境遇那么糟，力量那么少，所知道的世界那么窄，我们把刊物办下去，文章作下去，同时也就是在学习创作学习生活。现在好像各方面皆有了光明，慢慢的，我们的态度得到了读者的同意，创作且成为一个新的趣味同一种新的方向了。但我们自己的打量呢？总觉得我们还是在学习。我们只是向一个辽远的理想迈步，同时这迈步认为是应当沉默的，无声无息的，故刊物在我们手中时，即或当时对于种种无味的批评，也从不加以辩诘与反击。这沉默又可以说是由于几人的稳重，或是由于几人的骄傲。是的，“骄傲”在几人中的确可以成为沉默的理由，几年来一般作者皆各在时会中推迁浮沉，若我们既不屑于攀援这种时代而随之浮沉，由于年青人的骄傲，设能极诚实的依凭自己点点微弱的信念，好好的写出些作品来，这骄傲除了妨碍到假文人的成名以外，还损害到谁的什么？

日子过去了。

半年余的忙碌，迫逼我们写了不少文章，告给了我们一分经验，使我们明白作者向商人分手，永远成为徒然的努力。另外则共同增加了一点儿债。这其间，在上海方面，则有某一时“普罗文学”的兴起，以及几乎是反手间的“民族文学”的成立，两方面的作者与作品呢，作者名字那么多，且仿佛有许多人的名字还极其为年青人所熟习，至于作品却没有一个人能从记忆里屈指数得出他的数目。因为依上海风气，这些作家们照例是先成作家后写作品的，还常常使远地读者刚来得及知道他们的派别时，他们自己又早已新起炉灶成为另一种人了。

九

这活泼滑稽随风逐浪的精神，原不是中华民族本来的性格，然而一个文学发展史的叙述者，却可以把这种性格的形成，解释为“海派才情”与“商业竞卖”结合后当然的结果。

“说明这个社会这个民族的堕落与腐败，修正这个社会制度一切不能继续下去的错误”，把文学凝固于一定方向上，使文学成为一根杠杆、一个大雷、一阵暴风，有什么不成？文学原许可作这种切于效率的打算。文学虽不能综合各个观点不同的作者于某一方向，但认清楚了这方向的作者，却不妨在他那点明朗信仰上坚固顽强支持下去。我们希望每个作者当他既认为必须在某种态度下制作作品时，先不缺少认识他那所取方向价值的能力，他还不能决定那方向的得失时，就莫太勇于然否，他既决定他的信仰时，就莫因为稍受打击便即刻“投降”。然而十年来的政治现象，正奖励到所谓“自首”这种人，上海商人所支配的书业，则大半只在把一切作者，随时改成各样入时面目以引诱读者，作为赚钱牟利的张本，因此十年来的中国新文学，除掉一些不足道的新海派文人与永远皆在那里转变的投机分子外，也就正只是用着一批身在上海为商人帮闲而活着的闲人、一批置身大学顽固迂腐的教授，各自扮着种种小丑姿势，以个人生活上的恩怨与个人情感上的爱憎为基础，展开了理论的场面，在也算是争斗寻觅中打发了十年日子。十年来成名的教授迂腐如昔，一说话时总仍然只埋怨中国还无莎氏比亚或托尔斯泰。成名的闲人，则带着本身在各刊物上丑诋造谣的故事，走入老境里去，沉默了。其中凡稍稍乖巧的，则又另寻出路作其他事业去了。也有身不服老而又鲠直倔强的，带着游侠者的感情，在为弱小的事业与孤单的理想力主正义，则依然仿佛本身站在最前线上，作为人类光明的火炬，但自己在得失打算中既厌于执笔，不能写点自以为合乎理想的理想作品，也不能用什么有秩序的理论，说明所谓中国的纪念碑似的作品，是什么形式，需什么内容，在某种方法上某种希望里可以产生。只时时刻刻作着负隅自固的神情，向近在身边受了威胁的小小一点，加以猛毒的一搏，却忘了大处远处自己所能作所应作的事情。

明白所谓纪念碑似的作品的生成，必需“把自己生活加入广泛劳苦群众的生活，自己的感情成为普遍群众的感情，自己的欲望恰是群众的欲望”，这样年纪青勇于生活勇于写作者，并不是没有人。然而这种人，幸而不被上海商人刻薄所饿死，便是被政府捕去所杀死。教授与战士，则惟各自以偏持的诚实，致慨于中国文学之无望。若把这种种情景，排列在吾人印象中，同时且记着两人活着时作品之被同志所忽视，又如像丁玲女士一本销行最好的书《××××》，当海军学生被捕急于要钱时，某书店用一百六十元购取了她这本将近十万字的创作，以及被捕以前的年前十月里，穿了单衫过英美烟公司工人处作 ×× 谈话，想向某书店弄二十块钱还办不到，刚一被捕则书店中人便借她发了财，且誉之或承认其为革命作家的也就只是这种商人，真使人愀然无话可说。寂寞的生与悲惨的死并不希奇，商人又有什么可希奇呢？这一切原皆十分自然，不过说出来时，在读者间或稍稍以为古怪罢了。

中国知道敬重英国作家的有人，爱好俄国作家的也有人，但这些人却并不需要认识本国自己的作家。读者间照例缺少作品抉择的能力，必需要批评者来作主。大多数的批评，既然只是书业中人所作的广告，结果则销行最好的书同时也就成为内容最好的书。教授的文学观念、战士的文学观念、政府的法律、读者的趣味，莫不各在摧残中国文学的健康萌芽，使凡是有希望的作家，不为此一观念所拘束，就为另一观念所缠缚。政府对于作家除了愚蠢的杀戮以外，则从不作过一次聪明事情，读者则常常被一二负荷了三数盾牌迎风挂旗的流行作家，用朝三暮四的方法，养成皆为毫无见识极其可怜的分子。使人更觉得寂寞处，便是数及对于作家还有些微善意种种方面时，我们还不能不把上海经营新书业的商人安置于第一席。因为现在有人能从丁玲女士作品认识她爱敬她，且觉得她的作品美丽精深与伟大的，最应感谢就还是上海的书店大老板们！书店中人使她生活下来，当时社会的统治者正当想方设法毁去了这种难得的作家时，包括教授与战士在内，一切人皆仍然沉默着，如对于当时政府所作的其他各种蠢事一样，不发一言的。中国将来若果真有所谓纪念碑似的作品，照我想来，则这作品照例是应当不要忘却写到这样一件事情的。

十

我们所经营的事业，既在极其合理情形中宣告失败，三种刊物皆停顿了，自然也就轮到我们想起一件事情，便是如何设法来还债了。按照情形说来，则单是上海方面各书店积欠《红黑》的账款，若可结算清楚，已经就是一笔很可观的数目。但这种账目自然是无从清结的。外埠的账则按照习气，更毫无收回的希望。故我们皆想作点别的事情，好像不管是什么事情，只除了做官，我们皆预备去试它一试。

文章自然还得继续作下去。其时恰当普罗文学遭受禁止，民族文学遭受奚落，经营新书业者莫不徘徊瞻眺，不知所归，整个情况渐趋衰颓时节，我们作成的文章，如何找寻出路，因此就成了问题。感谢胡适之与徐志摩先生，在这方面便帮了我们很多的忙。我们有些书皆由他们手中转到书店去的。至于他们给我们的勇气，则似乎比给我们的帮助更可感谢的。（那时上海方面所谓左倾作家，对于他们是莫不以一种偏持感情，与某种小报相应合，造作过若干谣言，加以诬蔑的。然到后来海军学生因左倾事被逮捕时，所谓同志们，除袖手旁观外不闻作任何营救。为海军学生各处去电设法营救的，便也就正是成为所谓有“前进思想作家谣言与轻视之准的”两人。）

我过吴淞中公教书约一个月后，适之先生听说海军学生夫妇，皆因为写文章已不能解决生活，便找他问是不是想作点事情，海军学生回家时，便从吴淞邀我过上海去商量，还是“死守残垒，在上海支持下去”较好？还是“暂变计划，向外省过些日子”较好？我的意见是这样子：

“原来就想作事，既有了作事机会，当然还是作事！”

商量结果结论也就只这样。但假若一个去外省做事，另一个又怎么办？便成为新的应当好好处置的问题。当时海军学生可去的有两个地方，一是山东高级中学，一是河南某中学，应去的地方既一时还不能决定，故丁玲如何也难于决定。后来海军学生已决定去济南，地方离上海不远，为了一个人教书方便，一个人写作方便，故两人就暂时分住两地。海军学生独去教书；丁玲女士则留在上海，仍然写她值三块钱千字的小说。萨坡赛路一九六号换了个二房东，仍然贴了招租条子，故她又仍然住在那人家三楼。鲁彦从福建来，恰好也住在那里，互相原就认识，故她也并不十分寂寞。

海军学生过济南时，两人原已约定，教书的应认真教书，不许成天写信，作文章的也应好好作文章，不许成天写信，必需半年后教书的赚了一笔钱，写文章的积下了一批文章，方可见面，再来讨论新的生活方法。这种计划当然极好，因为也只有这种计划，两人方能把生活展开，基础稳固。要作事顺手一点，似乎也非如此不可。

海军学生抱了满腔希望一脑子计划上火车后，为了实行两人计划，丁玲女士也当真写了些文章。海军学生则一到济南不久，就代理了高中部的文科主任。照此情形下去，如果两人能好好支持到年底，自然各人皆会有成绩。但两人似乎还像年青了一点，从上海过济南的信，大约总只说上海如何沉闷、如何无聊；从济南过上海的信，大约也总只说济南如何无朋友可以谈话、事又如何忙、学生又如何好。这样一来，济南的这一个既不能过上海，却已无理由不让上海那一个过济南了。

可是总共不到一百天，两人又从青岛回到上海了。两人一来住在环龙路某衙三十三号，一见面问他为什么又跑回来，就说济南不是教书的地方，风潮闹得不成样子。第二天，我又去找他们，海军学生方独自告我，他们回来简直逃脱的。只说省政府要捉他们两人，为闹风潮还是另外为别的事情，他不好好的说我也就不详细去问。照我估计则实在如另外那篇文章所提及的事情！

“山东学生皆身强力壮，仪容可观，也许因为风潮扩大，这海军学生估量自己瘦瘦弱弱的身个儿，不能同谁比武，记起君子明哲保身的格言，故即早跑开吧。”

过几天，我从冯沅君处多明白了些这两人从青岛逃出山东的原委，我当时可胡涂了。两人虽同当时左翼作家中态度极诚实的姚蓬子相识，同另外一个 × 也常见面，他们的生活，他们的信仰，是不会同某方面组织接头的。并且稍前一时左翼作家的露面，已因为政府商人两方面的合作，加上种种由于自己理论自己态度，自己战略所造成的不良局面，到了退休的时节。左翼文学从商人看来，从多数人看来，仿佛已过了时，大凡聪明人，皆不会再去参加热闹了。“文学左翼”在是时已经是个不时髦名词，两人到这时节还检取这样一个过时的题目，在熟人看来恐怕无人不觉得希奇的。

我因此另外听到了些关于两人态度转变的说明，这说明当然是荒谬的、极不得体的。因为关于这转变，海军学生同我自己是也已谈过了的。他们把别人认为已经稍过了时的问题，重新来注意、来研究、来认识，推动他们的不是别的，却只是他们几年来对于社会现象认识的结论。他们不欲明白这问题适不适宜注意，却只看值不值得注意。他们觉得文学自由主义与典型主义，一则容易使作者精力糟蹋于官能感情的歌诵中，一则容易使读者情绪沉浸于历史倾慕概念上，前者使人放荡，后者使人衰老。他自己得要一点拘束，且明白一个民族一个社会的翻身，也皆得在某种强健努力中与勇敢牺牲中完成他的职务，故毫不迟疑，他们把这显然落后的工作捏捉在手，再也不放松了。

好在上海不比济南，既然回来了，在租界上是不会被捉的。两人即或想把文章倾向弄得严肃一些，上海方面熟人多，文章处置总还不很费事，两人就照原来的生活方式，把日子打发下去，也许比教书还可以弄出点好成绩来。两人要更强硬一点，把自己搀进广大群众里去经验一份新的生活，做工，不拘向什么工厂做工也算不得什么坏事。

我们还想恢复《红黑》，作出各种可以使这刊物出世的打算。又希望来办个刊物，不需要什么报酬来作这件事。一切计划自然皆只证明我们依然还是小孩子，但凭了一点单纯的信仰，只想把一个刊物来逼我们努力，在努力中把我们文章写好，却毫不知道写文章以外尚有若干事情我们全不明白，若不明白则我们的生活、我们的文章、我们的理想，也就永远皆无出路。

两人初回来时，光华方面似乎还可从蓬子处接洽，卖些文章给登在《萌芽》杂志上，或将旧稿交给书店印书，但另外方面如《小说月报》、《妇女》杂志等，文章就已生了问题。过不久，《萌芽》停了，书店又太穷，两人已不能按时拿钱，海军学生的稿件给《小说月报》的，给《新月》的，皆不合用，常被退回，丁玲文章送过《妇女》杂志的，也有了不能载出的问题。究竟为什么呢？当时的各个编者是不说及的。照我想来则不外乎一，作者的作品切实了点；二，当时政府已到了不许商人从普罗作品赚钱的时节，因此两人文章便无法出脱了。左翼文学在中国当时既已成了博注上的“冷门”，无人关心过问。商人所支配的各杂志，皆不愿再接收这种作家的作品，书店也毫无印行这方面作品的意思，写成的文章不能卖出，已成集的文章更无主顾可寻，故两人不久就陷入非常穷困里去。

两人文章不能多写，性情也仿佛有了些变迁。平时生活虽拮据万分，却有说有笑，精神身体，亦极其健康。从济南回来便沉静了些，不必说一方面自然是过去一切不坚实的感情和观念，皆得在两个人一种反省下有所修正，另一方面则是社会使他们沉默了。

丁玲女士又应当自己来作娘姨厨子的工作，抹地板、洗衣、烧炉子、煮饭，为了经济，样样事情皆派在头上来了。

但同样是这个人，在北方却已十分著名。在北方，丁玲及“莎菲”、“梦珂”，正成为大学生人人耳所熟习的名字。北方朋友来信时，总常常谈到关于她一本书在北方的种种影响，以及各样传说。在北方她成功了。但成功却不能使她的手不接近抹桌布。尽管有多少读者皆需要读她的新作，在上海方面，她却无从找寻一个发表她新作的杂志。北方她获得了广大的读者，南方的商人视线却已注意到“小学儿童故事”、“呆女婿”、“三国演义连环画”等等书籍编纂上，不再理会小说，更不愿印有被禁被罚的小说了。

海军学生是时大致已参加了某种活动，人更瘦了些，也更匆忙了些，走到任何处去总把眉毛凝聚成一条线，把手节骨捏得剥剥地响，且忽然又握紧了拳头，向空挥击。他似乎很容易生气，但所受的气来源却很远。好像这个人的理想有了一种事业把它凝固了，他实际上快乐而且健康，不过表面上看来与过去稍稍不同罢了。丁玲女士则表面上光润了些，感情却恬静多了。有时两人皆似乎在生气情形中打发日子。一件事不能作。但使他们愤怒的，却不是对面一个人的错误，只是为另外一样东西所引逗。两人已把情人们互相睨视的青年闲情抛去，共同注意到社会现象与未来理想上了。

两人为了一点思索，需要比目前更多的学问了，便很努力来阅读新出书籍，且重新预备要习英文日文。见了他们时，问他们：“是什么一种计划，如此勤快用功？”丁玲女士总只是笑着，把一本日文读本向身后抛去：“去！怪字母，我不念你，我不想从你知道什么，我会自己跑到徐家汇杨树浦去。”我问她：“你是不是研究妇女劳工问题？”她就说：“这要研究吗？我才不必明白这些！我要学好日本文，看他们好翻译好著作。理论是告给大学生中学生的东西，作品方是真正大众的东西！”我或者问海军学生：“你呢，你难道也……”那海军学生最欢喜在人说话中间说话，我话还不说完他就说：“我不满意目下人做的理论，我不欢喜那种理论。”

我应当说“我并不同你讨论这问题”，但我并不开口。

他们从济南回来是秋天十月，过了年，他们搬了两回家，再到第二年八月我过武昌时，他们一共搬了四次。他们正在逃避什么，只想把家搬到一个无多几人知道的隐僻住处去。他们为什么必需如此不怕麻烦的搬来搬去，我并不曾细究问过，却明白那是什么原因。从他屡迁住处的情形想来，这海军学生是逐渐将为人所注意，故不得不谨慎机警如山狐，避开他的敌人的。

每次我到他们那里，海军学生有事必须出门时，那个正蹲在地板上浣洗手巾或做别的事情的丁玲女士，必带着担心又带着关切神气，说着“又要去吗？”“准备好了吗？”“还无结果吗？”海军学生一句话不说走过来吻吻她的额部，或微带庄严如一个作爸爸的神气，拉拉蹲在地板上的一个，便橐橐橐的走下楼梯了。

我到武昌了后，来信问他们生活还有意思没有，海军学生回信常极简单，总是说“过得去”、“忙得很”、“马马虎虎”一类话语，此后就说一点旁的几人所习惯的笑话。丁玲女士来信则只说信由什么转较好，同时问点武昌方面地方情形。从两人信上看来我总觉得两人皆强悍了许多。正譬如两人成天在注意那些粗暴人物的性情、粗暴人物的行为、粗暴人物的思想，自己也不由得不弄粗暴了似的。一份新的理性慢慢的正在这两个人灵魂上占了优势，把浮在生活表面的感情加以洗涤，加以澄清，两人渐渐的变得单纯起来了。使一个理想从空虚到坚实，就需要这种单纯，且必需把理想培养到这种单纯里，方能见出眩目的光辉。但这种性格，于海军学生方面，则毫无可疑可以作许多事情，发展他处置事务的长处，若影响于感情繁复的丁玲女士，则丁玲女士是不是还适宜于执笔握管有所写作？当时想来我就觉得十分可疑。因为我觉得海军学生生活方式有些方面应同丁玲女士取径不同，我就写信去上海告给他们一些意见。海军学生才能与勇气皆适宜于在事业上发展，丁玲女士却很明显可以看出“写作的天分”胜过“办事的材具”。两人若想把自己一点长处用到最适当的方面去，海军学生可以去作实际工作，丁玲女士则似乎只宜于作文化工作。我的意见所得的回答很好，海军学生有信说：“休，你来信说得是，不尽只那一个不应放下她那枝笔，便是我自己，也只能从另外一方面得些正当办法经验，再来从事写作。”我很相信他的话，我觉得这才是事。不过这海军学生，注意那些卑贱的世界、肮脏的人物、粗暴的灵魂，同那些东西接近，来从其中弄明白改造他们的方式，假若自己没有改造他们以前，先就为他们毁坏了自己，我们是不是还得想出一个新的办法？海军学生很显然的，还是个理性难于驾驭自己感情的人，对革命发展太乐观了些，对历史智识又稍少了些，勇敢处使他可以作出份事业，那是毫无可疑的，不过同时这种勇敢处，也就可以成为疏忽，将他自己带入面前深阱里去。并且我很担心在那份生活里，丁玲的一切是会牺牲在意料中的。我将我的感想告给他们时，丁玲来信就说：“……知道得太多，我们什么事皆不能做了。我们现在只尽我们能够做到的做去，这里不容许个人对于成败过分作计较。个人牺牲不足道，因为这是创造一页新的历史，是社会，不是个人！不要为我们担心，你来，你就明白我们是很穷困，但是却很快乐的。”

一月里武汉大学放了寒假，我便过上海看他们去了。

记丁玲续集

十一

过上海时我住在北京路清华同学会寄宿舍，到了第四天，得了个他们住处的通知，方过吕班路万宜坊六十某号去找寻这两个朋友。那天两人都出了门，只一个藤制摇篮里，躺着个大头圆脸的小孩子，睡得正好。他们因为知道我会来，并不锁门，桌上留有一个字条，要我同小孩玩玩，且告我过两点钟他们方能回家。我在小孩藤篮边坐了一会，欣赏了这小生物睡态约莫一点钟，既不见两人回来，也不见小孩醒觉，故也留下一个字条，说："我坐了一点钟，拧了小孩子的小脸三下，这小东西不醒，你们又不回来，我还得作点别的事情，只好走了。"

两人当晚来我住处时，恰好我又不在家。

第二次我在万宜坊见着了这两个人。不见面以前，我从南京方面先就听人说起关于他们半年来生活变迁的各种传说。这些传说恰如关于说到我的一部分神话，那么又荒唐又古怪，使人极其难于相信。从那些传说里，既不能找寻什么线索，也不能得到别的意义，只令人发生一个感想，便是“中国一切都无什么显著的进步，然而属于个人方面的谣言，则因被海上风气所推动，显然进步多了”。在当时，关于海军学生与丁玲的生活传说，是特别为几份小报所乐于造作的。

见面时我便把一切关于两人生活上的新事，加以追询，两人都微笑不答。我于是轻轻的拍着小孩子的脸，向小孩子说：

“小东西，你说说，六十个白日照到你头上，有了些什么感想？”

那母亲正为小孩子调理牛奶，把从老虎灶刚买来的开水，倒进一个瓷罐中去，代为回答说：

“感想多啦！爸爸同邮差一样妈妈同娘姨一样……”说着且微笑着。“若过十年或二十年，我们小频能够写他的回想，爸爸妈妈又恰好全已离开了这个人间到另一个世界里去了，或关到牢狱里，或流放到新疆，不能够再见面了，他一定将这样写他的自述：‘我是个无名邮差的儿子，我的妈妈似乎是个成衣人，又似乎是个作零工的娘姨。’……”

海军学生说：

“我们小频才不会再来做这种没出息事情了！你瞧他那样子，他八岁时一定就会开飞机。”

“倒真有点像个飞机师。”我说，“学会了开飞机，把爸爸妈妈装载在飞机里，经过西伯利亚的雪地，飞往莫斯科，这逃亡一定是很有意思的。”

海军学生把宽宽的肩膊耸了一下，对于这个不是隐喻的隐喻有所纠正：

“到那时节我们不需逃亡，飞机的用处只在捕捉逃亡！……”

“那么应当轮到我逃亡了吧。小飞机师，你说怎么样？”

小孩子俨然完全明白我们的言语，呀呀的喊着笑着。

海军学生说：“小东西你笑，你有什么可笑的！”随即他就剧烈的把摇篮动荡起来，似乎想训练小飞机师似的。小孩初初受了点儿惊，尚呆呆的把眼睛对爸爸望着，后来忽然呀的哭了，丁玲女士搁下了牛奶瓶，推开了海军学生。

“频，你真是……坐那边去。不要胡闹！走开！说你们的事情去！”

我们于是离开了小孩子坐到床边去，尽作母亲的喂小孩子牛奶。我就同海军学生提出在武昌、在南京、在上海，所听到关于他们两人的种种谣言，且问他们半年来事实上如何打发这一大堆日子。

海军学生似乎不愿那么正正经经来讨论这个问题，手指着丁玲：“瞧，做母亲的就是这个样子，做父亲的照例打点杂，譬如——你不要问吧，上海小报对于我们消息特别多，但仿佛还无一次消息提到我们多了一个小孩，你想想，你就明白这些消息应当打个如何折扣了。”

我说：“报上说你做了黄包车总司令，组织这一部分群众，且指挥这部分劳动者作种种争斗。”

海军学生说：“在同样这种无聊小报上，另外一时就说你在青岛买了一所大房子。”

“但南京 ×× 说丁玲已成为 ×× 的一个什么长。”

“什么长？你相信 ×× 的话吗？他说你是过南京做官的。你到了南京，自然是一种事实，我且问你，预备做的是什么官？”

丁玲把奶瓶的橡皮嘴塞入小孩口中后，要我们去看小孩。房中火炉似乎稍热了些，小孩红着脸庞，闭着眼睛，吮吸着搁在身边小瓶中的奶汁，神气俨然，十分可爱。我们把话转到小孩方面来了。

说到小孩养育问题，作母亲的便摇头苦笑，告给我两个月来作母亲的一分经验。半年来两人文章皆在无办法安排情形中，支持日子的艰难，也就可以想像得出。为了小孩的出世，母亲不得不过医院去躺下，父亲不得不过各处去借钱。母子虽安全出了医院，家中凭空多了一个消费者，一面哭着要吃，一面还哭着要换肮脏尿布。且因为习惯不好，小孩子似乎明白将来的忧患，得赶快把身体发育长大，方能应付未来的命运，故半夜深更也总得吃奶两次。不理会吧，哭嚷得怪惨，起来安排一下吧，两人应分的睡眠时间可缩短了。而且奶粉的消耗，也真够作爸爸妈妈的踌躇，小豹子似的食量，吃了又吃，还总觉得不够，正像有意同父母为难，有意用这种事情来嘲笑两个不应该生育居然生育小孩的父母。这样那样谈说关于小孩子的事情大约一点钟，小孩子慢慢的把奶汁吸尽，含着微笑睡去了。

分别时约好两人隔日过我住处去看几个朋友，两人第二天果然就来到我的住处。那天约定在我那里吃饭的，还有另外六个人：六人中有三个大学教授，一个大学生，一个医生，一个银行科员。这些人并不同丁玲相熟。听说那么一个圆脸长眉的女孩子就是丁玲女士时，各人都略微显得惊讶，座次言语仿佛也矜持了些。各人拉着她问了一阵关于上海妇女运动的话语，她就说这类事情，女青年会中人所知道的也许比她本人知道的多些，因为这同妇女时装展览是差不多的东西，她平时不大注意。又说到纱厂中女工问题，丁玲也无什么意见。在这类人面前她照例说话不多，事实上也无话可说。朋友们吃过饭走去后，两人还同我谈着属于上海方面的各样事情，我又提及一些关于两人生活的传说，希望他们告我一点比较实在的消息。

我其所以一再询问他们这一件事情，倒不是猜不着他们的生活，只是想把我在武汉方面半年来与几个军人往来，所得长江方面军事局面告他一下，或者可作这个雄心勃勃的海军学生一种参考。因为各方面传说都言海军学生受 ××× 的命令，作 ×××××××××，上海方面租界中的政治运动，虽常常同长江一带军事变化毫无直接关系，然 ××××××× 对于长江发展上，则有间接关系。且 ×× 方面将来的问题，若与军事发展不能相互为用，则一切计划将成为租界中的儿戏，结果乃不过一二文人负隅固守的梦想，所谓左联文学运动，也将转入空泛与公式情形中，毫无乐观希望可言。我意思以为他们对于上海以外的情况，能多知道些，对于他们或有利益些。海军学生若当真在 ××××× 有些职务，则对于长江方面的教育、军事、经济现状，以及种种方面的报告，多明了一些，也就是可以多作出些有益于那个理想的事情。

他在我面前并不承认他的事业，只从平常意见交换中，我却明白了他对于长江方面事情太缺乏正确的认识了。他太信任了某一方面统计及其他文件的记载。他对于事实既有了误解，一切未来估想，便全盘不可依据。

譬如革命吧，若革命计划是应从某地着手，组织者与煽动者首先就不能明白某地一切，这革命的得失还能有什么可说？总而言之他住在上海，上海能容得下他们。不过利用上海人观念来说明这个民族的欲望，所知道的那么少，想要说的问题又那么大，未免离事实太远一点了。

海军学生当日因事须过北四川路，我们应谈的话似乎还多，所以丁玲即留在我那里等候。海军学生走去后，我又问她是不是如传闻所谓，两人真忙到并吃饭也无空余时间。

她用着坦白的语气说：

“为了那小孩，我们忙到不吃饭，不睡觉，已经快两个月了。频总还得作点事情。我呢，你知道我不会作母亲。我们正预备把小东西送回湖南。”

“频作什么事情呢，是……”

“不要相信那个。”说了这样一句话后，她又说：“不要相信那个。”其实我并不相信什么谣言，但我却明白有些方面海军学生的努力，已超过谣言的界石，向更 × 一方面跑去了。

她于是继续告了我一些非传闻的事情，解释两人近来种种打算。为了导引一个民族理想，于一个新的方式中寻觅出路，在各样试验中去取得经验，明白了这是为社会，个人折磨便不足计了。她为我说的也就是两个人已经忘了自己，如何在一群青年中，沉默的受着种种折磨，有了多少日子。过去说完了时，又来说未来种种。对于未来的计划，她的基础自然就垫在过去经验与现在局面上头。听了她那种坦白可惊的叙述，真令我又愁又喜。喜的是两人在半年中为一个新的理想所倾心，已使两人完全变了一种样子，愁的是两人所知道中国的情形，还那么少那么窄。一份新的生活固然使两人雄强单纯，见得十分可爱，然而那分固执懵懂处，也就蕴蓄在生活态度中。他们正如昔人所说："知道了某一点，其余便完全不知道。"明白了一样事情，却把其余九样事情看得极其朦胧，所有的工作又离不开其余那些事情，这能成就什么事业？为了她谈到长江方面的一片消息，完全同我从朋友所得的报告相反，故我就告给了她一些那方面的"事实"。我不扫她的兴，却只在尽她明白一件事实。另外关于南京方面在上海的种种活动，如何不利于由作家入手的某种计划，她们所知道的，也似乎不如我从南京听来的消息翔实。各人心中一点成见使我们仿佛疏远些，同她谈话时，真有不知如何是好的情形。我以为凡作一件事情，固然应当认识“可以作去”的真理，但同时也就必需明白“无法作去”的事实。所作的事若果同社会制度组织有关，对于在这个社会制度组织下一切的现象，岂不是也应当弄得清清楚楚？革命事业在知识分子工作中，需要理知的机会，似乎比需要感情机会更多。两人的信仰惟建立于租界地内观听所及以及其他某方面难于置信的报告统计文件中，真使人为他发愁以外还稍微觉得可怜可悯。

我的结论是这样意思：

“你们仿佛从别的文件中，十分明白中国情形，故定下若干计划，这些计划其实是毫无用处的。你们对于租界以外的任何事情太缺少理解了。为什么不离开上海租界看看，多得分经验？”

她对我这种话的回答似乎只作过一个微笑，微笑中包含了“杞人忧天”的意味，这是一点轻微的嘲讽。她旋即问我武昌学校的情形，上海出版物在那方面的情形，本地受出版物所刺激的影响，以及关于这类问题的种种。

她意思似乎对于她自己先前一时的谈话有了一点追悔，以为不该同我说的那么多，因此打量把话语引到别的问题上去。但既问到武昌出版情形，我就又有机会告她一件事情了。武昌因售卖左翼文学书籍，曾经杀了一个书店经理。我告她被杀的如何被杀，所卖的书在上海租界上又正在如何公开的发卖。我把因环境不同，一个信仰一点主张所引起的不同事件告给她。且指明身在租界既不认识历史又不明了空间的作家们，讨论大众文学的效率与大众文学的形式，以及由文学而运输某种思想于异地青年诸问题，如何在昧于事实情形中徒然努力。且这种昧于事实情形中，作着种种糟蹋青年妨碍社会自然进步的决定，具有伟大眼光的……尤不可不力加纠正。大致所提出的问题究竟太大了点，各人所知道的又似乎太少了点，因此这件事当时无法详细讨论，虽互相约好，此后由我把它写出来，作为一个自由作者从经验方面对于左翼文学方面一点批评一种讨论，她却就我文章所提出各点，逐一答复，纠正我认识上的错处，说明我意见上的正确处，文章写成后就一同拿去发表。这文章过后无法写出，现在自然就更无从着手了。

海军学生离开我住处约在下午两点钟左右，过了下午五点钟还不回家。我说：“别被猎狗逮住了！”丁玲就说：“近来兽物也机警聪明了，不碍事的。”本约好等他回来，两人同走，到后她还是因为担心家中小孩哭醒，新来娘姨疏忽了小孩子食物，便先回了法租界。大约将近七点时，海军学生方匆匆的赶来，见我正想出门，就问我预备过什么地方去。我正想过法租界看他们，在他们那里吃饭。他又问我“有几件冬天衣服”，知道我只有一件破皮袍同一件厚绒夹袍后，他便轻轻的说：“把夹袍给我，我不能再穿这洋服了。”衣服换好后，下楼时他却拉我从后门下楼。他不说我还不知道这住处有个后门。两人从后门下楼到了博物院路上，他又拉我再转北京路向南过外滩上东。这样走着弯曲路线，我先还以为是他弄错了方向，后来被他在肩上轻轻打了一下，我方明白对于上海的路线，这半年来他比我已经熟习多了。一到家中这海军学生把我那件绒袍脱下，向床上丁玲身旁丢去，坐近炉旁一张藤椅上，微笑着，且摇着那个额角极宽的头颅，像作了一件最得意事情。

丁玲问：“怎么，换了衣！”

“不换衣，电车上全是狗！（他笑着）貂比狗究竟快多了。你瞧，那袍子毛绒简直同貂皮一样，穿起来暖和又轻。休，你穿这样好袍子，真是个……”

我说：“小胡你倒真不坏，刚到过我那里头一次，就被你把后门也看清楚了！”他一句话不说，像小孩一样笑了许久。过后方记起了应当把皮鞋脱下，脱下皮鞋时，有一点字纸之类被他用手掏出，拨开了火炉铁门，把那东西向熊熊煜煜的红煤中抛去，即刻就消失了。我看得清清楚楚，却不说及这件事，只问他有什么可吃的，大家动手来作。丁玲女士把另外间小房的门一手拉开后，就有辣子豆豉气味，从那小房间溢出。

十二

算算日子，我们那次见面应当为一月六号。七号我到他们家里去，见到了 ××× 与 ×××，比所想像的 ××× 已老多了。八号又在大马路永安公司门前同她见到了 ××× 的弟弟 ×，两人特别约好在这地方见面，一同过我住处谈话。这人就是先海军学生一些日子，曾经用温情服侍过她，最近不久还刚穿着反面的羊皮袄子装扮吉林垦荒的山东农民，由西伯利亚转北宁铁路回国的。我们稍稍谈了几句话后，我有事出了门，他们又谈了许久方走。九号海军学生同她在我住处吃面，丁玲便告给我明天是她家中小孩子出世满六十天的日子，预告已请了些客，若我高兴去吃晚饭，很欢迎我去，同时或可见到几个人。这些人中有我们原先相熟的，也有并不相熟我想见他们或他们想见我的。然从海军学生的言语里，则我知道既然把客从各处请来，吃饭前后必有些时间“谈话”。这种谈话我自然不很明白，听听固无妨于事，但假若我参加这种谈话，是不是还能发生兴味？所以去不去倒先让我自己决定较好。他要我决定这件事，我当时便认为这谈话决不能参加，也不宜旁听。恰好我另外又正有一个约会，故当时说明我不能去吃酒。那次吃酒既没有我，来了些什么客我也不能明白，谈的是什么我也不能明白。只记起再隔一天到她家里时，丁玲女士翻出了一张三人合照的相片把我看，上面有那么一行题字：

“韦护满六十天，爸爸预备远行，妈妈预备把孩子交给他的外婆。”

问他：“路有多远？”

海军学生就说“远得很”。

当时虽只那么当笑话说着，我却早已经单从海军学生方面听明白了他那个远行的计划。

从十一号到十七号，这一串日子里，我们每天都有见面的机会。我对政治毫无兴味，我们商量的是《红黑》应当如何重新出版，大家应当如何设法来支持这刊物使它不至中断，且使这刊物用何等面目与世人相见。事情一来，又轮到丁玲女士起草计划了。在计划中她仍然答应好些事情，从我看来还仿佛不是她所能担负的。她并不是强干的人，但她在学习强干。她在训练中已渐渐的同一个男子那么欢喜作事了。

一连而来几个日子里，我从海军学生方面，又听了一些“故事”。这些故事或出自他们本身，或出自相熟的旁人。我不能在某种生活中产生故事，但对于别一人每种故事却十分关心。

我把出自他们口中的故事，拿出与我从武昌南京所得的各种人事印象相对照，仿佛就得到了一份最好的知识。这份知识于我很有用处，贡献给别一方面时也必然极有用处。海军学生若愿意明白我已明白了的事情，对于他的理想行为，却极显然大有帮助。

但这不成。两人因为应付租界上的环境已十分习惯，便同租界以外的环境疏远了。海军学生把他的故事说给我听时，他的复述越兴奋，我便越觉得为他发愁。他明白在某一件事情中，把自己编排成为剧中角色之一的时节，自己所感觉的庄严可到何种程度。他复述那点庄严印象时，也显得那么快乐。他的快乐只证明他十分天真，这就使人为他发愁。我呢，我认识一张楯牌的两面。我知道双方事情。我看过两地排演的戏目。我作得少，懂得多。因此对于革命我不悲观，但也不能过于事实所许可的乐观了。

理想从文字或其他方面移植到某种人感觉意识上时，这人的勇敢处真正令人吃惊。但这种“勇敢”同“保守”对面以后，产生了如何愚蠢的行为，排成了如何无聊的场面，照例将是使人吃惊以外还得皱眉的。一页新的历史，应当用青年人的血去写成，我明白我懂。可是，假如这血是非流不可的，必需如何去流方有意义？在别一方面的人看来，方法也许只是一个，便是捉来就砍。但在随时都有被砍机会的一方面，人既那么少，结实硬扎机警勇敢的人尤其不易多得，纵事到临头非流血不可，如何来吝惜珍重这种人的血，避免无谓的牺牲，不也就正是培养这个对人类较高理想的种子的一种最好方法？当时在长江方面所见到的只是流血，年青人参加这种流血的，似乎也有非如此不可的趋势。惟一些身在上海各人从一枝笔上得到群众的作家，失去了笔同时也就失去了他的革命武器，便毫无实力可言。如今放下手中的笔，来应付别一种事情，在“用失其长”的情形中，是不是还能做出比好好的写一本书更可观的成绩？自己根本那么脆弱，单凭靠一点点信心，作着勇敢的牺牲，牺牲过以后，对于整个理想能有多少帮助，是不是还有人作过一番考虑？

那时的中国情形大致如下面所记：

上海新书业商人已各因眼光远近不一，从读者捞了一笔钱，各地对于新书取缔忽然转严，作品的去路就窄了些。商人明于世故，皆很热烈的把眼光注意到印“一只天鹅冒险”等等儿童读物方面去了。同时 ×× 方面则由于极端的颟顸、胆小、无能，对于文学思想左倾的潮流，既无能力树立自己的旗帜，用作对抗，也不知运用政策，力图分化。惟一政策就只是每月支出一笔闲钱，雇就若干闲人，身在上海租界内，与租界当局合作，各处侦查，等候机会捉人。把人捉来以后，就一律引渡出租界，只根据雇佣侦探与自首者的报告，按照习惯的办法，将捉来的年青人分别杀头或入狱。

××方面如此情形实不足为奇。就由于胆怯与无知，杀戮在某一时成为当权者惟一一种政策，从本国历史上，是可以发现无数篇章的。但极可怪处，则是凡有机会在这个愚蠢时代社会里成为牺牲的人，都仿佛毫不知道如何请求避免牺牲的方法。各人似乎由于只习惯租界上工部局的章程，全不明白自己行为一出了租界便成为什么案件，得到什么结果。故即或各人行动皆那么秘密，同志中互相皆难知道一人以上的住处，行动皆十分麻烦，每人身后常常有侦探跟随，然而海军学生夫妇二人还那么从容洒脱，实在是想像不到的。

畏怯原不是革命者所应有的东西，但过分洒脱，则不免疏于人我之间的防卫。我尤其不能同意的，便是他们似乎业已忘了自己如何得到大众的原因，仿佛手中已操持了更好的武器，各在轻视原来手中那枝笔。皆以为把笔摔下的时代业已将临，不放下手中那枝笔诸事就作不好。关于这件事，我大约同他们讨论过二十次。认为他们的笔不适宜于从手中离开。并且若已承认了把笔放下是中国革命一点损失，则在这种时代里，如何去使用那枝笔，也成为两人最切要的问题。不担心牺牲，那自然是种难得的勇气。可是若凡事看得远一点，认识得深切一点，了然所谓中国革命文学，应取何种方法、何种形式，使它在这个恶劣环境依然能存在、能散布、能把握某一部分读者的感情，则作者间实有切切实实用客观的眼光去研究的必要。海军学生如其他年青人一样，对历史太生疏了一点。文学所能发挥的能力、所能展开的场面，可谓极其缺少注意的兴味。海军学生之被人重视，我以为对于他根本毫无好处。这人既并无多大政治才识，有的只是较才识三倍以上的热情。凭了这点热情，他应得到一分敬爱。然而一被重视，因此他却必毁无疑了。据我的感想，则发展他成就他，最好的环境，就是委屈他到一份卑下生活里去。要他受苦，被派作不甚要紧的事情，短期入狱，常常受吓受困，一出门就得同政府的便衣侦探斗智，当逃避侦缉者眼光时，习惯于电车的上下，转小弯，于同志中受不甚公平的待遇，学会了种种机智与谨慎，在艰难境遇里三年五年，好好的去取得一个革命家那分应得的经验。一切生活训练他到某种程度，他也才能作某种负重致远的人！

照当时情形来，我的意见已显然觉得稍稍有点迂腐，所以海军学生的回答常常只是个微笑，丁玲女士也只给我一个微笑。要他们说出他们的意见，他们就简简单单的说："你什么都不知道，只能写点文章，别的真不用提。"海军学生原本是个天真烂漫的人，直到这时，不拘他如何勇于负责，不拘他如何长于打算，我总以为他还不脱离孩子气。如今到了把自己加入这血肉相搏的争斗里，对于某种理想的实现，常作超越历史条件以上的乐观，就见出两人皆还在不可形容的天真里打发每个日子。然而到了我明白我的理知对于他们并没有多少用处，拟不再提出什么意见时，他已在意外情形中失踪了。

十六号在他们家中，我对于海军学生的生活，不贡献什么意见，丁玲女士却对我的生活有所考询，考询的结果，我仿佛从他们的脸色上，又看出点可怜悯神气。那神气用言语翻译出来，仍然是“从文真有点迂腐”。我当时不加分辩，不作抗议。我心想：

“一切人都在那里用自己一分观念决定自己的命运，既明白每人因生活不同，观念也难相同，或者就应当各人沉默守分，尽时间来说明各人的命运得失了。”

于是我邀他们过卡尔登去看电影，看了一个英文名为《生命》的片子，说的是纽约某种闲人的生活，恰好合于上海某种闲人的情调，对于我们生命所有关系，就是糟蹋了我们两个钟头的时间。出院时，我们到了静安寺路向西走去，海军学生好像还为影片中的无聊情节十分生气。丁玲就说：

“频，你这算什么？我们的生命，难道不常常的自然而然为一些人事上的小故事，糟蹋得比看一次电影所耗时间更多吗？这也值得生气！”

丁玲的话使海军学生记忆起另外一件事，这个南方人便说：

“我生我自己的气。你呢，你不也是常常因为……”

海军学生所说的，是丁玲女士因某种感情扰乱了她，把写过一半的文章向炉中抛去的故事。这类故事是不必再提了的，因为一个作品，在作者自己一方面看来，既有烧去的愤怒，则这作品也就大约如这世界上某种人，它不存在也许比他存在还更好些吧。

十三

十七。天气阴阴的。我那住处既在四楼，从住处客厅一排窗口望出去，对马路是邓托摩饭店的大楼，平时早上常可以见到穿白衣的侍役，在窗口边用白粉抹玻璃，且轻轻的唱些什么曲子。我便站在我这边楼上窗边，看他作事，且想像这个人作完了事又在什么地方服务，服完了务又过什么地方休息。今天似乎因为天气不好，这人到时还不出现，因此使我稍稍觉得寂寞。九点左右，在那客厅中看过了报纸，本想过法租界去，问问海军学生，看他是不是预备过江西。假若已决定动身的日子了，小孩子应如何送回去，也好让丁玲女士不至于为孩子拖累过久，妨碍应作的事情。假若湖南方面有人来接小孩子，或照预定计划，我返武汉时就可把母子顺便照扶带过武汉，到了汉口交小孩子给家中人，丁玲一人再返上海，事情也方便多了。

当天恰好我已答应了一个中公同事储先生，十二点钟过四马路某地方吃饭，预备从法租界回来便过四马路，吩咐公役锁好了门跑下楼时，在门前见着了邮差，带了一大包邮件上楼，算定我也许还有些信件，故又跟他返身爬上四楼。一堆信件递到我手上后，我明白我已不能过法租界去看他们了。信件中就有海军学生昨晚从法租界寄来的一封，告给我日来如何亟于需要搬家，再不能在那地方住下。且告我今天不必去看他们，因为那住处似乎不大适宜我常去。邮件中还有好些报纸同书籍，且有北京方面两种报纸，皆提到丁玲女士的，朋友不知道她的住处，便远远的寄来给我看。另外还有一本李青崖先生寄来的《艺林外史》，我既然不过法租界去了，就在客厅把那本书看下去。

到了十一点，四楼甬道上有皮鞋声音橐橐橐橐的走过去，从那急促而又带点拖沓的声音里，我估想这人一定是海军学生。但很希奇处，却是这种声音乃由北而南，我觉得十分奇怪，想出客厅去看看究竟是谁。一到门边，他那个宽宽的肩膊也撞进来了。

原来他从后门上楼，见我房门业已上了锁，还以为我走了，走过前门事务部去询问。

“我正想过法租界去，问你们决定了怎么样一种计划，下楼时看看来了信，就动身不成了。”

“我还以为你出去了！”

“你什么时候动身！”

“我自己也不知道。动身以前我得搬个家，那边实在不能再住了。第三衙昨天又捉了一个。现在什么好办法也没有，到处拿不到一个钱，搬又无处可搬。房东那独生儿子死去后，明天就要开吊念经，一热闹起来对于我们倒有好处，可是他们正因为家中的丧事，就非得我为他把房间空出来不可。搬既无办法，我们只有送他幅挽联。你来为我想一幅挽联，下午过我家中去帮帮忙吧。”

“有什么可写的？这件事我全不在行，找李达先生去！”

“你在行，不是什么了不起的大文章，随便做成写上就得了。”

“实在不行！这不是逼得出来的事情！”

“不要推辞，这种事也推辞！你只想，这是一个年纪很轻的人，正在一切成长能够大有作为的时节，无意中死了，觉得很可惜。如此做来就完事了。”

我们把挽联说妥后，又说起关于近来每个作家稿件受商人的苛刻处，海军学生就告给我有人正在旧事重提，商量“作家协会”进行组织的事情。发起这个组织的，还在三四年前，当时因《创造社》方面的出版物，正希望从这个组织的保障下，得到出版自由的方便，故最热心于这会的也是那方面一批人。发起那个组织的动机，既由于《创造社》，内部一切也有被《创造社》控制的情形，到后这会便无结果而散。这一次，却似乎因商务编辑部兴资方发生了龃龉，那方面有几个人在本身痛苦上，感到这协会组织有存在的必要，同时又有些人以作家地位，也认为这会应当努力弄成，作家中之纯左翼，则尤其需要这个会来帮助他们在出版上取得最大的自由，在商人间办交易方能得心应手，故海军学生及其他诸人，如叶圣陶、陈望道、章锡琛……莫不认为这个协会有产生的必要。

关于这个协会过去事情既尚保留在若干人记忆中，

希望它组织坚实健全，且希望它不至于为某一方面所单独利用，用何种方法产生，用何种方法去维持，方不至于陷入两年前“中国著作家协会”困难境遇里去，方法上实在值得注意。海军学生在这方面便有所主张，以为以人作单位不相宜，以团体作单位也不大好，目前照各方面的意见，则似乎有以各个书店的编辑作为主体的趋势。然据我意见说来，却以为这协会首先即以各个书店编辑或刊物编辑主体，假定其人即为协会当然执行委员之一名，对于目前稿件出路问题，虽可以得到相当的解决，其他较大问题，是否这几个身在上海的编辑先生知识与能力便可解决？说来就使人怀疑了。

照海军学生意思，他总以为这个机关只要能比较公平的产生出来，先成一个同商人对抗的团体，每一个作者若受出版商人过分苛刻时，依赖这个机关，就能够得到他应当得到的那一分利益。其次便是用这个团体，以不合作为原则，从政府方面争取出版的自由。政府方面的争斗效果如何，当看这个团体内部的坚实与否而定。至于与商人对抗，则胜利实不待言，因编辑者即协会中之事务执行者，战胜困难，可谓毫无问题。

当时协会的计划，在卖稿一类目前打算以外，还有其他几件事，也认为协会的工作，如由协会来监督或指导一些向国际方面发展的工作，如由协会来建议对于本国出版法某种意见；在国际方面与本国方面，凡有关于原作者权利受侵犯后，或无从由目下现行法律得到何等保障，或法律虽曾规定而情形不合无从援引时，则这个协会，当以团体负责者名义，向各方作出有力的主张与公正的说明。

因为这协会的组织，以各书店有力编辑与刊物责任编辑为主干，要这种商人雇定的编辑，替作家利益说话，同时若干编辑不是书业股东就不宜于称为作家的人物，从表面而言，仿佛他们一来就可以控制出版业者的恶习，事实上却恐怕连原来的那一点点利益也完全弄掉了。并且这协会当发起时，首先就有三数经营出版业者用作家资格加入这个协会，这样一群人物，对于国际文化发展上，以及对于在本国向政府应作的事情，能够弄出什么成绩，实在就使人不能乐观！

我听他那番叙述，且看过他拿来的那一束作家协会发起人宣言，因为他对于这件事那么热心，我就说出我的意见：

“鱼和熊掌不许我们同时得到，这是一句老话。这协会因必需解决作家的生活，想在目前把大部分稿件向商人卖钱，故把几个书店中的编辑作为协会主持者，我不反对。若我们当真还希望这协会对于国际文化发展上有一点贡献，我们所知道的这几个编辑先生，恐怕他们忙不过来！”

海军学生说：

“休，你是不是怀疑他们的热诚？”

“我并不这样。”

“那么你以为他们能力不够是不是？”

我说：“是的。事实上他们能够作这件事，就不能够作那件事。要他们卖稿，就不能再责望他们作经手稿件以外的工作。对于作家协会组织既不是单为稿件寻出路，执行委员的分配，便不得不需要一番考虑了。”

海军学生就说：“那是无办法的问题，因为将就这些人，明明白白知道这种计划并不能够得到很好的结果，但总得有人热心去作！希望大一点并不妨碍这份事业的完成。目的在那一方面，眼前事实只许我们作到这方面，我们也得去试试。我以为用较生疏较艰难的事情，训练我们的能力，即或失败了，也比因为畏难苟安保守现状较好。”

我并不反对这件事，因为我明白当时的情形。政府的压迫与商人的刻薄，两方面逼迫到作者无路可走，作者是常常无法维持他的生活的。希望政府宽容同希望商人公道，既同样是一个徒然的希望，那么作家的事作家自己不想法来解决，还有谁人能来解决？本身的艰难不由自己想出救济的办法，仿佛只等待另外一个时代的人来为我们呼唤，这自然极不合情理！并且我们不止为我们自己打算，亟需要这样一个组织，便是我们时代较后力量较弱的作家，也更需要这样一个组织！

但我总觉得这个协会所能做到的，同理想相去太远。且根本上有若干适宜于这个协会的分子，既不能设法使他们加入，对于协会前途极有妨碍的某种人，却已显得极端活动，因此我总以为海军学生的热心处同他参加别一个组织一样，全凭天真作去，缺少理知来自加检讨。

海军学生一忙就显得更瘦了些，望着他那个瘦脸，我什么话也不说了。凡事他比我作得认真，我却常常比他想得透澈。

我们为这个问题讨论过将近一点钟，他被我说服了，“不必对于那个会怀了太大的希望”！我也被他说服了，“加入协会”。十二点三十分后，他从我手中拿了六块钱，同那两份报，并那本《艺林外史》，和我一同离开了住处，一同从北四川路向南走去。走到恰在装修门面的惠罗公司门前，他说他应当过先施公司去买那个作挽联的白布，就伸出手来捏了我一下，且向我挤了一下眼睛，笑眯眯的从马路边走去了。

我在四马路把饭吃过后，大约已三点左右，就走过法租界他们的住处去。丁玲女士见了我，问我海军学生是不是已到过我住处。我就告给他午前的一切情形。知道海军学生还不回家，我仿佛就有种不祥预感，以为一定出了什么事故，带笑说：

“他约好我来写挽联，他这时还不回来，莫非路上被狗咬了。”

丁玲女士正在小孩身边为小孩子折叠一片围身的白布，满不在乎的说：

“不碍事，身上并不带什么东西。”

“他应当小心一点，他那么洒脱，我为他担心。”

“从文，照你这种胆小，真是什么事都不能作！”

我并不胆小，我为了证明我的担心不是毫无理由，就为她告给了一件从朋友处刚知道的“故事”。但她想让我明白上海租界也有上海租界的好处，就为我也说了一个新故事。瞿秋白身在××某一时节，成为上海方面的负责人，这是一种人所习知的事情，直到××××年，中央的通缉命令既未撤消，××的职务也未交出，去年从俄国奉派回国，在上海电车上，一个下班的巡捕认准了他，轻轻的招呼他：“瞿先生，什么时候回国来了呀？”他自己还料不到有这种事情，只好结结巴巴的说：“回来不久的。”但因为是租界，租界上的巡捕还不至于好事到捉了人往别处送去，因此那巡捕虽认准了他，到后还是自由离开了那巡捕，并不被当场逮捕。

我觉得那个例子并不能说明目前一个人的安全。照海军学生在我住处所谈的看来，他似乎随时随地都有捉去的机会。但从丁玲女士态度看来，则又似乎她自己也还并不明白海军学生生活。我为她那分镇静有点着恼，我就走了。

到了晚上，我把饭吃过后，终究有点不大放心，又走过法租界去看他们。海军学生仍然还不回家。我问她是不是有什么事情要我作，她就要我为她照料小孩子，一个人出去了约一点半钟，方匆匆促促的走回来。问她有什么消息没有？她只咬定下唇微笑着，把头摇着。

十八早上我又过她那儿去，一看情形我就明白海军学生还不回来，猜想这人一定已捉去了。

我说："为什么晚上还不回来？这是不是有例可援的情形？"

小孩子的母亲，夜来整个晚上似乎皆不睡觉，正坐在小孩摇篮边，为海军学生缝补一件旧衬衫，又像心中十分焦躁，方故意把一件不必作的事来消磨时间。听我说到海军学生的去处时，神气很镇定，依然微笑着，好像那微笑里有几句话：

"一切的灾难，假若是自己预先认定了应当有的那一份，迟早这一份还是得接受的。人事应当去尽，万一捉去了，就设法来救他，杀掉了，自然就算完事了。"

这份因勇敢而来的镇静，对于她实在大有帮助。两个月以后，若非她这种长处，把小孩送回湖南去时，我们路上一定将增加不少麻烦。且到了家中，她若不能遮掩她的悲痛，海军学生失踪的消息，一为那风烛残年的老太太知道，那方面就更不知糟到什么样子了！

当时既不见海军学生回家，把所有上海各种报纸买来，在社会新闻栏内去检查，并不曾发现一个汽车撞伤一类可以疑到海军学生身上的新闻。在逮捕案件上也并无征兆可寻。想去两处相熟的地方探听消息，又担心那方面住处的人已被逮捕，正等候探信的人落网。并且在同里刚不久还捉了人去，这屋里说不定业已早就被人注意，人一出门也许就有跟随的……且说不定什么时候还会有人进屋捕人。丁玲女士既不适宜于出门，故只好让我各处去看看。

我从法租界跑到闸北，从闸北跑到静安寺，从静安寺再回到万宜坊，各处跑到了，皆无这个人什么消息。且到过熟人 ××× 处，用电话为向公安局方面熟人询问。近日来是不是捉了些人，公安局方面也无什么线索可寻。

但一到下午，我们就从 ×× 处得到了海军学生业已被捕的传说，回到住处去，把两天来一切哑谜全弄明白了。

十四

大约七点钟左右，我从万宜坊回转北京路宿舍，慢慢的转着圈子，爬上那三层高楼，在宿舍门前，见着一个骨瘦如柴的老人，瑟缩可怜藏在角隅灯光隐蔽处，侍役把门一开，见了我后，就说：

“沈先生，有人找你，等了两点钟了。”

那瘦人这时已站起来了，端相了我一阵后，便从袖口里，伸出那么一只干瘪瘪的黄手，捏着一点什么东西似的，且忽然命令我把手摊开，我在慑于一种不可言说的压力下，竟不得不照他说的作去。原来他那只干瘪瘪的手与我的手合拢后，即刻把手收回，仿佛一不小心就会将什么传染病给我样子。先一刹那间我还以为这人应当是政府一个侦探，装作那么萎悴样子来探听我消息的。如此一来，便即刻明白他的任务是做些什么事了。我要他在门外等等，拿了那小小字条到房中灯光下去展开字条一看，就知道是海军学生从某处写来的信。这人恰恰如我所料，昨天下午已为公共租界的警探会同 ×× 的

××把他捉去了。

信那么草草写着：

休：我遇了冤枉事情，昨天过你住处谈天，从住处出来到先施公司，遇女友拉去东方旅馆看个朋友，谁知到那里后就被他们误会逮捕了。请你费神向胡先生蔡先生一求，要他们设法保我出来。请吴经熊律师，乘我还不转移龙华时，进行诉讼。你明白我，一切务必赶快。否则日子一久，就讨厌了。奶奶处请你关照一声，告她不必担心。我的事情万不宜迟，迟了会生变化，我很着急！……

崇轩

捏了字条往外跑，把那个老家伙一把拉回房中后，我就问他一些信上还未提及却又必需知道的事情。这送信人把头只是乱摇，用手指点拿在我手中那个信，“你看这个”，我于是再看了一次，方发现那揉皱了的纸角上，海军学生还写了一行很小的字，那行字是……

事不宜迟，赶快为我想法取保。信送到后，给来人五块钱。

恰好我身边刚取得十五块钱，送了他五块钱以后，这人方说：“你们赶快一点，押过南京就难办了。”我说：“可不可捎个回信去？”那人说：“不用写信，你就告我我记得！”我就求他转告海军学生不必心慌，我们在外边的总尽力去做应做的事。那人蹒跚走下楼梯后，我即刻跟着下楼，过北京路坐了一辆黄汽车，过万宜坊去把这消息报告给丁玲。

那时节小孩子正在吃奶，作母亲的正在桌边翻阅一册 ××× 小说集，见我进门神情不同，就说：

“怎么样？又回来了，有消息了吧？”

我不作声，对于她用全副精神很高兴的样子看一本通俗下流的书籍，觉得很不可解。她似乎明白了我的感觉，便把书递给我看，原来这书不是平常的书，里面有一部分业已挖空，大约为了安置别的什么文件，方用这本学生通俗读物来作遮掩。她把这书举起又放下，我便知道我是有了小小误会了。我把海军学生适间送来的字条递给她，她默默的看下去，末了抬起头来问我。

“谁带来这个东西？”

“一个老而可厌的家伙！”

“跟来在外边吗？”

“送到我宿舍拿了几块钱就走了。”

“你回信怎么说？”

“我告给那老家伙带了个口信，要他一切放心，在外边的总为他尽力援救。”

把信重新看过一次后，她似乎忽然从话语中领悟了什么，急急促促的向书架边走去，把一本书翻了又翻，注意那书皮与第一页及末页的衬纸，这一本书寻找过后又去寻找另外一本，把书架上某一部分书全挪动后，皆不曾发现什么东西。她所找寻的正好像不过一片小纸，或某人的通信处，或别的类乎通信地址的平常东西，但寻觅结果还得不着。

“糟极了，他一定把那东西带走了！”

我想明白是什么重要东西，问及她时，她又说：“不妨事，全不妨事，带去了也不危险。”但从她那神情上看来，假若海军学生当真身上带了这种文件，一入狱被查出时，显然增人忧虑。且从海军学生来信上加以研究，则这次同遭逮捕的，必还有一些极其成为问题的人物在内，海军学生必十分心慌，最怕牵连在一块办理。

我们把来信语句过细研究一番以后，且就日里所听来的其他消息加以对照，便知道海军学生情形极不妥当。但那天在东方旅馆方面既无什么会议，海军学生又不过一个文学作家，对左翼文学理论方面所具的理解，究竟已到何种程度，友朋间看来殊可怀疑。从他谈吐间找寻结论，则促成这人转变的，实在还只是一种南方人单纯勇往的热情，并非出于理知的抉择。不过由于过分相信革命的进展，为一束不可为据的“军事报告与农工革命实力统计”所迷惑，为“明日光明的憧憬”所动摇，彻底的社会革命公式把他弄得稍稍胡涂罢了。并且××方面他既无多大关系，由作者地位说来，则夫妇二人又俨然有号召大部分读者的势力，可谓社会知名之士。所以在我意料中只要案情不过于复杂，少其他牵连，同时秉政者衡情酌理，明白这人之不可杀、不必杀，则海军学生案件，至多不过判处徒刑两年而已。

当时丁玲女士虽担心某种不利于海军学生的文件，或为警探所搜去，实在麻烦。然而想到逮捕地方既不是海军学生应去的地方，别方面纵有何种会议对彼却无关系。且本人以作家出面，上海既不比内地，政府纵胡涂，也不至于冒犯国民的感情，作出把一个思想比较左倾的作家也牵去枪决的事情。当时我们以为一面想法请人取保，一面请律师代为设法。第一，对犯人从租界引渡加以抗议；第二，把作家地位以及在作品上所负的责任加以说明，请求当局注意；第三，进行诉讼上所必需的辩论与说明，使海军学生得到自由。我们就商量了几个办法，我去请徐志摩、胡适之先生等代为介绍吴经熊，并去信南京中央研究院，请蔡先生同杨杏佛代为探听下落，向政府方面说一句公道话。另外又去信武昌、北京，如××××××等，希望他们帮忙，务使海军学生在作家名分上，得到一种保障，不致与其他人牵连视同一律办理。

感谢各方面师友对于这件事的重视，以及所尽的种种帮助与营救的方法。关于律师的事，得胡、徐去信介绍后，又恰好丁玲的熟人李×先生，正与张志让律师相熟，这张先生既同吴在一法律事务所合作，又极热心于 ×× 友好灾难的援助，故丁玲女士就预备把这事完全交给他们，先托他们探听海军学生的下落，再进行营救。那时节海军学生第二次又从狱中送信出来，措词更焦躁了一些，最担心同一些不相干的人引渡过市公安局，催促我们赶快想法。且说他已经受了拷打，过中国监狱去他更受不了这种待遇。过两天后，律师方面把本案情形略弄明白，为了办案方便，他们又把这事件转介绍我们去找寻江一平律师。我们去见这个事务丛集的青年律师，还刚走进那个挂有执照文凭空屋子里坐下后，得到了从别方面来的电话，说 ×× 逮捕的一干人犯业已有引渡的消息，再同他一谈，他便去电找詹 ×× 律师，询问龙华司令部方面新近在公共租界逮捕引渡的一批犯人中，有不有一个 ×××。回电并引渡人犯事也不提，只说不知道这件事，过军法处查询也无从查询。×× 是政府方面的人，对这事不能答复，便使本案又转入歧途。人被逮捕既为事实，引渡消息又殊可靠，则人犯或又正如某一小报所说，业已直解南京，也未可知。不过人既无着落，律师对于本案帮忙无力，白费了这个青年律师两点钟的时间，两人便只好道一声歉走出那办公室了。

人的下落究在何处，上海方面既苦无眉目可言，我们便预备过南京去询问。我到南京见蔡××××××等后，谈到这件事情，这些身居中央要职的人，就老老实实说这类事他们无从为力。武昌方面××来信，也说业已函×××设法，×××就申明这保人的事很不好办。照当时政府的行为看来，谁对于青年要好，保释这种年青人，谁就多一分共产嫌疑。且从这些伟人方面来探听海军学生的下落，则海军学生似乎因为是一个知名作家，政府就决不会凭空把他逮捕，还认为逮捕是一种误会、一个谣言。

我们也愿意事实恰恰如此。但海军学生的信，不是很分明的说出一切情形了吗？回上海时，想起海军学生或者正被人缚着用白醋灌入鼻孔，或裸着胸脯被人用香头逼炙的神气，使我难过得很。这种用刑强迫逼取受难者的口供，出于我在军队中清乡时亲眼见到的，大约就有一千个人，这一千张不同的苦难面孔，到这时节一一再现出来，且在灯光下看来，整个车厢内的每个同车者，那脸子都似乎是一个我所认识的罪人脸子。上海租界的刑讯，虽由于物质文明的进步，香头熏炙一类方法，已用电刑来代替，但那种受难者在折磨中所有的境遇，却大都一律相同。我记起海军学生平时那副清瘦的脸子，记起了他生气的情形。

回到上海时，把一切经过同丁玲说明，这个案件既无从求助于法律，也不能从人力上得到开脱机会，我们应当怎么办？我们同李 × 夫妇四人商量了两个整天。

这时节，外面风声因捉人而更紧了些，在海军学生失踪后数日，又陆续有了些 ×× 巢穴被 ×× 方面 ×× 所发现，监狱中又增加了一些青年学生。丁玲在原先住处，先还用“先生过汉口有事去了”来搪塞房东的询问，谁知房东早已看明白了此中情形，只希望她赶快搬家，不要到时出了什么事情连累主人。同时她自己也担心住处会为侦探知道，一时无其他办法脱身。

一时既无其他适当住处可以搬去，只好暂且到西门路西门里李家去住，把一个生下地还只七十天的小孩，同一些零碎衣服，先行迁去，再来搬其他粗重东西。

关于失踪者的下落，不久就又从海军学生自己想方设法露出一点消息，知道他还在公安局，又知道他自己不久就得过龙华，请赶即想法找人取保。为了这样一个消息，使我第二次再过南京。从南京方面得到了蔡先生的一封致上海市长的信，回上海拿了这信去会张群，从一个秘书方面始知道原来一批人犯两天前已转过龙华司令部了。

到了龙华司令部，使我们更担了一分心，同时也放心多了。若干日来我们希望莫引渡，既成为徒然的努力，如今却又希望不过南京了。按照习惯青年政治犯一到龙华，就似乎有了着落，所犯的案件麻烦一些，不久必押过南京，或就地枪毙。所犯的案件无头绪可寻，或不甚重要，便定下一个徒刑的期间，或七年八年，或五月十月，到判决时若有人向某一方面设法，譬如说，××××××之类，就可以减轻一些。本应作三年的，有人说一句话，也许就可改成六个月。恰好复旦方面有个姓祝的朋友，半年前因文联剧联的小小嫌疑，被捕去后，略加讯问，就被判处两年零十个月的徒刑，再经过一道希奇古怪外人莫得其详的手续，又复从那个年限中减至六个月。预计羁押期间已四个月，于是把这点日子折合半数，再坐几个月牢便放出来了。

这×君既同××略有关系，刚被释出就来找寻丁玲，故见面时谈及内幕，我们方明白了年青人被逮捕得释放还有另外一种理由。我们心想一个人既然在正当法律下毫无保障，又无法使这类事从南京方面设法，如有什么方法可使这些军法官，发生慈悲，求他们真正公道一点，这方法倒不可不注意了。我们从×君方面的询问，得到一分知识后，就又向一个郭女士处去探询。郭女士正因为同样一件事情，送了一份八百块钱的礼物，给她一个广东同乡，这同乡很幽默的收下那礼物，似乎本来就明白凡是年青人被拘押的皆出于无知被骗，故极热心来主张公道。海军学生既不能从法律得到公道，也就只好从法官要点公道了。我们为了这件事各处去筹钱，这件事情很得到几个人的帮助。丁玲卖了两本书，又借了些。但钱得到手时，便发生了一个问题，郭女士因为替那在押的筹钱回广东去了，我们想把这钱来买公道，可不知道这买卖应如何作下去，同谁接头，钱交谁手。

案情又似乎缓和起来，海军学生有信捎出了。信上说一切还好，但事一持久必被牵连，最好乘此时设法保出。送信人自然还是五元。这送信人把酒钱得到后，看明白了我们的意思，恰好他同老国会议员相熟，那议员就是同丁玲要好早已死去的王女士的父亲，问及他这件事，他便慷慨陈词，愿意替我们“买”公道。他把这件事说得有条有理，在叙述几个过去的故事时，就举出些很谐趣的理论来证明。他知道这些事情之多，完全出乎我们意料之外。丁玲相信了他，要他做出点成绩来看看，他答应以后便走了。

第二次他带了海军学生的来信，也说及这人可靠。于是我们被他骗了一手，把一笔小款交给了他，这钱被他骗到手后，他究竟如何去办交涉，这就只有天知道了。但他也不白白的得了这笔钱，他指示我们个方法，如何照规矩去探狱，他把一切手续告给我们，我们因此还能够在海军学生被捕以后，死去以前，在狱中隔着双重铁栏互相招呼一次。

自从这一次见面以后，海军学生便从这世界消灭了，无一个人明白他到什么地方去了！至于这样一个人被捉去以后，不闻宣布任何罪名，便居然消灭了，初初看来仿佛很希奇，且在稍有人权法律观念的人看来，会觉得政府这种处置青年人办法很可怀疑。但其实这是城市中读书人的看法。若一个稍稍明白内地情形的人，就不会如此了。这种杀戮在内地极其平常，十年来是无可统计的。古怪的不是这种青年人的失踪，应是大多数人的麻木。这种麻木包括读书人与 ××× 在内，他们既不知把一些青年人杀去，对于一个民族是一种如何损失，大规模的杀戮虽日日在举行，多数知识阶级还扪籥谈天，专在一些无当于实际的问题上有所争论，也不知道杀戮年青人的办法是一种如何愚蠢的办法，故这种杀戮还在用种种方式继续下去。

十五

我们因为还想从那个专在牢狱中传书递简的人得到点消息，丁玲明知道这个人并不怎样可靠，遇着他来时，必依然作成很亲切的神气去款待他。这人所得的“酒钱”本已超过了他应得的数目，每来还得很好的待遇，一件落实的事情不作，似乎良心也不大安宁，就告给丁玲，她到本星期 × 可以去探监。这人既不是 ×× 的侦探，却同些那一道中人十分相熟。他知道谁应逃避谁极重要，故他提议“太太只管到那边去决不吃亏”。他告给了一切手续与方法，他的言语自然极其合理可信。丁玲相信了这种提议，便为海军学生办好了一条草荐、一条棉絮、两套汗衣、两双袜子、一提盒食物，照所指定的日子，邀我陪同她过龙华去。去时她换了一条灰布短短棉衣，同一个在吴淞丝厂作每天值二毛八分钱工的乡下女子完全一样。

因为知道那方面人多，正式挂号在九点钟，挂号的人数又有限制，恐慢一点错过了机会，我们七点以前就到了龙华。天气正当小雪以后复酿大雪，灰色酿雪云满布空中，风又劲急，我们便站在那司令部大门口当风处，等候挂号的时候。去时丁玲总还有什么不放心处，敢到那地方去，还似乎是拼着捉去就可以见海军学生那么勇气，把胆怯处掩着。到了那里以后，慢慢的探狱的人越来越多，其中无所不有，同时且见到了 ××× 同 ××，也居然装扮成为南市鱼行中商人样子，腰边缠裹鱼腥气扑鼻的围裙，提了一个紫花布褡裢。又见 ×× 女士，上海少奶奶式的装束，提了点心一盒。又见着复旦两个大学学生，也属于 ×××，同丁玲是认识的。又还有些零工装束同小商人装束的人，虽不能互相谈话，却一望而知是为了同一目的来到这里的。渐渐的来的人越多，因为知道来探狱并不算得一种冒险，丁玲也越放心了。

来到那里的熟人虽多，间有正预备会面还无从相见的，这时节却因耳目接近，各人装束不同，不敢相互说话。各人皆匿笑着，为对面一个的装扮匿笑着，却各自站在桥边或路中，等候报名的时间。

这真是一个长长的期待！天气实在太冷了点，风又太劲太急，所站立的地方又恰恰是过道透风处，各人不敢互相招呼，皆沉默的等待着，或故意走到一个原本相熟的人身边去，交换一个仿佛无意写在口角的微笑，且好像同时也就交换了一种语言，或是“你也来了！”“冷呀！”“不碍事，不什么危险，也不很冷！”大家皆明白，大家皆能会心。因这点会心的招呼，稍稍解除了些期待的无聊。但到后人越来越多了，就有披着灰布棉外套的卫舍兵士，来编排指定各人的地盘，把各人带来的东西安置不当路处去，这一来，走动的权利剥夺了。既然走动受了限制，大家只好从门前大路间或一辆急驰而过的汽车声音上加以注意，藉以打破全体的沉闷。从七点等到九点，因为各种来探狱的人已很多，每天既只能挂四百号名，挂号便提早了半点钟。那天大约有六百人齐集在门前，至少有两百人走了一趟空路，有两百个囚犯白白盼望了一整天。

挂号完事后大约已十一点钟，照例这四百号请求接见狱犯的字条，得由警备司令部军法官批准，才能拿了这批准字条，分组到监狱里去。照规矩把批就“许可接见”的字条发下应在十二点，入司令部监狱应在下午两点。到了十二点后，军工厂汽笛已响，工人皆陆续出门，我们还是在那里等着，谁也把全身四肢冻得僵僵的，谁也不能吃饭。都只希望那字条赶快发下来，再过一阵就可以拿了字条过拘押人犯处去。直等到下午一点半，一个小军官把字条从里面送出来，各人蛆似的围到卫舍司令部小门边去。

这种字条的发给，是按照秩序以及人名叫唤分发的，有些人的字条不知如何被扣下，有过经验的人就知道犯人已被枪决了。轮到我时我们真担着一分心，只深怕把名字逃过。但很好，一张仿佛屠宰捐单据样子的字条，上面写着字，盖了一方小小朱红图章，居然交到我手中了。

得了这样东西，我们竟忘了大半天的饥饿寒冷。

报名分十人一组。从外边进去，也是十人一组。各人扛负所带来的物件，跟随一个手持大捧的灰衣壮汉，转弯抹角沿兵工厂墙角走去。几天前融雪后的泥泞，在寒风扫荡中已结了冰，地面既坚滑异常，又得在这种极坏地方追赶那壮汉。因此许多站在寒风中等候过久四肢业已冻僵的人，尽只摔倒，把带来食物四处播散，把背上棉被远远的抛去，自己努力爬起总爬不起来。一面看到这种忙乱的情形，一面还看着兵工厂机器间流出的黄水，热气腾腾。若干不知名的四方红色砖砌房屋，各以远近不同，发出种种的声音，在耳边吵闹着，同时还听到远远的市声，使我们感觉一分异样情调。

在一堵墙转角处有人摔下，一个小小包袱远远的抛去，掉到那个充满黄水的塘中去了，这人像只小小兽物那么发着痴，竟不知道怎么办。再过去一点，又有一老妇人在地下打着滚，后面的人赶不及来扶起，却从身边迈过赶上前了。

看见这些情形，总使人不大容易忘掉，这一角一片小小世界，一刹那光景，使我们真像得了许多知识。

一群人胡乱跟着那个壮汉，终于走到了围墙尽头处门边了。那地方有炮垒一般的小哨棚，和平常北方大户一般的栅栏门。到了那里时，我方知道进来的虽分组进来，还仍然得集聚齐全，把字条一一交进去加以检验，方能进里面去。不管如何我们还得等候外面的人。把外边分组进来的人等齐后，又得等管狱的知会，兵士方能开门。开门以前又须分组为每次二十人，一一验看军法处的字条，核对无讹，才许这人把带来的行李，从一道高将齐眉的木栅抛上去，请求兵士接过，自己也依赖着兵士的援助，攀援过这一段栅栏，方入监护牢狱的小兵营。

时间还不到，天空中落了雨挟雪。

为了急于一见海军学生的希望，我们一面十分焦急，一面便也忘了一切，只依然等待着。这时节因各人挤集在栅门边空地上，监守的壮汉皆站在较远处，有人想荡过墙边洒尿的，那兵士就把大棒扬起吼着“嗨”！把那人的行为止住。各人既挤得很紧，于是原来不敢谈话的，皆有了机会轻轻的来谈话了。然而各人身旁的××，谁也不敢谈所要谈的话，却不约而同一致的来注意天气讨论天气。谈落雪，谈雪后如何不适宜于在泥地中乱跑，且谈冬天落雪时的鱼价。

丁玲女士到这时，各处搜寻熟习的同道，同那个身穿蓝青布长褂缠着一条鱼腥气扑鼻围裙的 ××× 说了很久的鱼价。这个 ×××，不止明白上海的鱼业鱼市，还明白天津的鱼业、汉口的鱼业、福建的鱼业。我望到他那个为劳苦所磨折的小脸小眼睛，心中充满了一个观剧者发现某种秘密时的惆怅。

丁玲又同一个大学生去说学校放假期间，讨论假期长短和得失，也谈了许多。他们自然并不专指鱼业行情学校假期而言，但当时却似乎并无旁人注意这些谈话。

在这些时间中，我曾细细的观察过所有等待在那里人的神气，我仿佛读了一本书，慢慢的把这些人的命运安排到我那本书上去，等待中的时间便忘掉了。

到管狱处允许开门时，第一组有三个人被把字条发还，拒绝入内，我们方知道所有字条并不全是一个“准”字，许多人才来好好的注意一下手中的东西。原来关于这次租界被捕一案的，以及在其他方面因政治嫌疑而逮捕的，竟全部不许同家中人见面，所批的都是“不准”。

这一来我们等于白在寒风中冻饿一天，大家皆显得十分失望。鱼行中人的 ×××，知道尽蹲在这里，其余人进里边去后不能进去的或反而受人注意，就自言自语的说了些俨然市侩的话语，匆匆的走了。另外几个先前不为我们所注意的乡下人，这时看看自己字条，也赶先走了。有些人则得了准许的字条，从栅门上爬进去了。过不久，一群聚集的人渐渐少了起来，有两个中学生样子的青年，站在我们身边，展开他那个字条给我们看，原来他们也是来探看上次被捕之一群中的柔石、冯铿两个伴侣的，这青年并不认识丁玲女士，却以为我是 ××，同我轻轻谈了些进到里面的方法。但等了一阵，眼看着毫无希望可言，也只好走了。

到了这些地方，上面不准下面是无法可设的。然而我们却始终很固执的等候这种意外机会。

进去的人益多，走去的也已不少，看看那里只剩下四十左右不批准的人时，查票放行的办法有了通融处，对于批准的分组法也不如先前认真了，有人就请求他们许可全体一同放进去。一个麻脸兵士说：

“进去也无办法。批准了的见犯人也有秩序，不批准的进去了还是见不着你们的人。里边管狱长有手续，不是我们不放你们进去！”

有人就说：

“见不着人也不碍事。”

又有个老妇人扳着栅栏请求让她进去，且说只看看就出来。又有人甜甜的同那兵士用乡亲话语谈着那点希望。那四个兵士也倦了，只是还不让步。班长过来了，这班长看看像个学生样子，见多少双沉默的眼睛皆望着他若有所祈求，他就说：

“你们进去也还是无用处。我们这里只是守门，不管别的。门里边不归我们管理，见犯人还得要条子批准！”

但是有人说只请求他放进去，不见犯人也无妨，恰好有一组人从里边退出，我们乘这种机会就从那班长的默许下，挤进了七个。刚进到里边，就听外面因关门发生了争持，有一个人被兵士殴打的声音。我们各人已很敏捷的混入了若干探狱人中间，就再也不注意别的事情，门外那些人从此也不再进来，大致因那殴打全体被赶走了。

到了里边后，我们走过那正拥挤着无数人头有铁条横梗的窗边，寻觅相熟的脸孔，除了只看见所有的人头在窗边动着，口中大声兴奋的嚷吼以外，竟毫无什么发现。

但到了这里，我们却并不失望，因为虽然见不着海军学生，却已明明白白靠近海军学生受拘押的监狱了。

批准探狱的人汇集在一个面积不大的土坪里，各依秩序把字条交给另一铁门里的管狱人，过不久，他便可隔着铁窗在若干犯人中发现了他所要见的亲友面孔了。但犯人既那么多，一切安排皆不能守定秩序，想说话的人越多，互相便只好大声说话。有些人话不能说，见了面时点点头，把东西交给管狱人后，管狱人把犯人便拉走了。有些人一面说一面哭泣。又有些人声音太高亢，管狱人就用同样洪大声音吼着，骂着，制止了这种声音。会面处既共只一个四尺见方的窗口，里外各挤了三四十个人头，如此一来就有六七十张嘴唇说话，那么多人大声来说话，嘈杂到什么样子是可想而知的。但管狱的为了时间经济起见，每人谈话受着限制，送东西的把东西点清后，就不得不离开窗口，说话的也常常不能让他说完，犯人便带走开了。所以将近四点钟时，大坪中便只剩下了三十来个人。

我们在一旁看了许久，早看准了一个坐在铁门里检查信件的中年人，估计一定可以从他那里想出个办法，一会儿我们得到一个机会，一个厨子模样的大胖子，用油腻的手擦着眼睛走开了，丁玲便挤上去挨近铁栏边，把手中条子递给那管狱人。那人接过手看了一下，又看看丁玲，把头摇摇，一句话不说，条子掷还，很显然我们已失败了。

又过一阵，人更少了些，我又得了一个挤上前去的机会，仍然把字条递给他。这人又看看我。他从我们神气间看明白了我们请求他帮忙意思了。他问我："为什么明明白白写定了'不准'，还来这里做什么？"我们说不能见面是不是可以把捎来的东西送给这个犯人。旁边就有人说这事谁也不敢作主，不管送什么全不成。但来了个军官样子的人物，神气似乎很凶恶，在铁栏里来回走着，那检查信的拿了我们那个字条，同他说了几句话，谁知那军官即刻就走过来同我们说话，且很和气的告我们这人上面有命令不能见面，就不能见面，送东西也不许可。但若身边带得有钱，不妨给犯人送点钱。我们想交三十块钱给海军学生，他却说有五块钱够了，钱多了没有用处。当他把钱拿进另一铁门，我们照他所指派站在那窗口边等候收条时，从兵士口里我们方知道这个人就是管狱长官。一会儿，只听到有个带金属脚镣的声音，从第二道小铁门处走过去，一眼望去，那正是海军学生的影子。我把海军学生走过的地方指给丁玲女士看，我们正说着，那个带脚镣的他又走回来了。丁玲女士便叫着：

“频！频！”

相隔那间空房不过一丈二尺左右，只要一喊叫，那一边也注意到了，便停顿了一下，把带着放光铁手铐的双手，很快乐的扬了一下，即刻又消逝到门背后了。

“是他，是他，他很快乐，很雄，还是一匹豹子！”

“是他，我一看那背影就知道是他！我看到他在那里！”

“样子不像受苦的样子！”

“还有脚镣手铐！”

捏着那张海军学生亲手写来墨汁淋漓的收条，我们互相说着且苦笑着，指点他适间所消逝的那扇铁栏门。

但从此以后，这个海军学生就不知道消失在世界另外一个什么大门后面去了。

天已入夜，落了很大的雪。

十六

从龙华监狱里，知道了海军学生还好好的生存在这个世界上，对于前数日上海报纸所传述的离奇消息，便得到了一个证明。人既然并不如传说所谓“当时即已枪毙”，又不至于“随同一干人犯押过南京”，故我们当时对于这人的安全，似乎又乐观了些。且因为南京方面朋友 ×× 夫妇，为此事在南京出了不少的力，到处去探听这案件的种种关系，又托人为海军学生说话，所得的消息也使人觉得放心。因此一来，我们便以为海军学生纵或在牵连中，无法用他作家的身分，得到些温和的待遇，但一时之间，也总不会发生什么问题了。朋友 × 因为在 ××××× 作事，知道处理 ×× 案件的皆 ×××，×× 中央党部，且此类案件即或在长江中部发生，也无不受南京方面的指挥。海军学生若这时还不适宜于死去，还应当留下一线希望，担负将来艰巨的事业，在某一方面，若有什么完善的方法，能够保全他的生命，这方法自然有注意研究的必要。

下面就是朋友 × 特为此事从南京赶来，同丁玲商量营救海军学生的一次谈话。谈话时我在他们的旁边。

“上海关于 ××××× 事，多从 ××× 手中经过，为海军学生的事，我见过了 ×××。”

“怎么样了？”

“我提起一般舆论，和小胡本人的过去。我想若果我们还希望他活下去，我们便得想出几个方法来，这个办法不成，换上一个，还是不成，又再来一个。”

“我们不是一切方法想过了吗？南京要人方面、私人方面、上海方面——我们把方法全用尽了，就无法对于这件事得到一点好结果。”

“我同 ××× 谈及这案件，上海的事无不从他手中经过。我说起海军学生本人一切情形和他朋友及各方面的意见。我还老老实实的说，政府不应当很胡涂的让这个人长此失踪。政府方面若还有几个懂事明理的人，知道一个知名作家需要如何待遇，方像个样子，对于目前的事便得有个补救的办法。”

“你真那么说？”

“我就那么说。并且我说的不算废话，××× 对于我的意见，作过如下的答复。他说：‘若果上海捉了这个人，我们当然不马虎处置，如果这人不是 ××，我们当然会很公平的处置。’我就说：‘人捉去了是无问题的，因为在 ××××× 的案件中，有个 ××× 的人名，就是这海军学生的别名，朋友全知道的。至于这人是不是 ××，即或 ×××，他究竟作了些什么事，且就本人过去态度而言，他这个人能作什么事，一加调查就会全部了然。并且他的朋友 ×× 和 ×××，可以保证这个人。’××× 又说：‘我明白。蔡老先生就提到过他们。但蔡老先生就不敢担保那个人的信仰。不过你说他的朋友 ×× 同 ×××，可以从另外一件事情上，证明这个人不应当一律办理，这两个人在南京？’我说：‘两人在上海，但我可以随时要这两个人来南京。’‘× 同志，你要他们来，我们再商量办法。我们的党并不是故意想来摧残年青人，而且我们也并不疏忽我们的文艺政策。××× 若只是一个思想比较稍稍左倾的独立作家，决不会在牵连中被胡涂残杀。你要他们来同我谈谈，我想见他们。’这就是我来上海见你们的理由。”

“你是不是以为我同从文过南京见见 ××× 就有办法？”

“假若对于海军学生的安全，我们认为是一件应当注意的事情，你们再过一次南京，并不算得徒劳往返。”

“从文，你说？”

这其间，轮到我参加点意见了。我说：

“海军学生还不应当死去，还有许多重要事需要他去完成。把一个勇敢的人如此胡胡涂涂打发了，留下些投机分子，不是懦弱怕事，便是颟顸不能办事，理想不是也因此受了打击么？”

丁玲说：“从文，你是承认过南京了。假若见 ××× 为得是去‘投降’，我们用不着去南京！”

我说：“这个字眼儿用得不合事实。我看不起自首。若海军学生为了自首卖党而活，不如死了较好。因为个人死去了是一件小事，使 ×× 受一种坏影响自然不是海军学生所宜作的。只是假若海军学生以一个作家，在 ××× 案件中被牵混死去，对于海军学生是不是一点委屈？假若我们过南京可以使海军学生得到较公正的待遇，能在正当法律下合法审判处置，我以为我们当然应过南京去。”

朋友 × 说：“我也就是这种意思，从 ××× 的语气方面，只要海军学生对于 ×××× 案件无多大关系，海军学生凭作家的资格，可以得到作家的待遇。只要你们两人能过南京，同 ××× 一谈，从 ××× 方面，海军学生的生命就可以取得到一种保障了。（他指定丁玲说，）××，假若你不担心过南京回不了上海，我们就同过南京，在 ××× 方面我保你无事情。你不必怕人逮捕。因为南京若想逮捕你，上次过南京时早被人捉去了。”

“我什么都不怕！”

“可是你是不是因为别的缘故不以过南京为然？”

“我的意思只是我们不应当同人接洽投降。我们不过南京谈条件，就因为这事情无条件可谈。我们要的是公平。假若南京认为杀左倾作家算一种政策，频的死是应分的，同时也是自己选定的。——不过，从文，你的意见？”

“我以为若要公平，使海军学生在公平中获救，过南京是必需的。南京方面的×××，既以为我们去谈谈，对于海军学生的安全大有关系，我们就过南京去，也不至于就被扣留。假若我们并不担心被南京扣留，去不去南京就不必讨论，只应当问什么日子去南京最相宜，你想想，是不是？”

“你以为我心虚吗？”

“我并不以为你心虚。”

朋友××又说：“×××以为你们去同他谈谈，对于海军学生的处置大有关系。你去去，一面对海军学生大有帮助，一面对于你自己的谣言也可以弄明白。照我意见说来，不但你两人同×××谈谈，对海军学生有帮助，即对于上海方面的文学运动，它的倾向与将来的发展，也大有关系。我认为这见面对于你们有益无损。”

她想了一会，忽然作出一个决定的姿势说：“我们去，明天就去！”

“好，明天去。”

当天朋友×回转南京，第二天我们也就搭了早车过南京。一到南京时便去找×，在×的家中，丁玲便见到了她从前在北京补习学校同一宿舍的曹、钱二女士，

曹是 × 家主妇，钱则来到南京作党员留学考试，也正住在 × 家。三个人已多年不曾见面，各人的生活思想相去也益远了，两人眼见着海军学生如何把她从一伙中攫去，又遥遥的望到她成为世人所注意的女作家，如今又因海军学生事来同这两个老友在一个火炉边聚首，自然各人心中有无限感慨！

我同 × 出去找寻几个人，直到半夜方回家，回家时谈谈就睡了。

三个性情生活业已完全不相同的女人，似乎在炉边谈了一整夜话，直到天明，几个人方离开火炉，和衣躺到床上去。

我起床时，在雪地中却见到了丁玲一个人把身子裹在那件海虎绒短大衣里，独在院中雪里散步，我就问她：

“难道昨夜不睡吗？”

“同他们谈话，把时间便忘掉了。”

“大家都好像变了，不是先前那种样子，是不是？”

“我不觉得她们有什么不同，只是从他们两人的言语里，照出我自己的一个新样子。时间真怕人。我一个人在雪地里，就正在思索一堆日子成就了我些什么，毁坏了我些什么。”

“我想起七八年前在北京时，落雪天几人用旧报纸塞进火炉中去当柴烧的情形。”

“用过去的记忆来折磨自己，有什么用处？”

“但这样事情也可以把‘折磨’改成‘娱悦’。”

“但你并不是个老人，只有老人他方要这种娱悦。”

“不过你那神气却显然在过去什么上受了折磨，你们昨晚上谈些什么？”

“不谈过去，却只谈未来，曹只想职务莫受政治影响，好把弟妹帮助到大学毕业。钱只想过英国学教育，将来回国服务。”

“你呢？”

“我想为什么我和他们那么不同。他们对于自己的责任并不轻轻看过，但他们却那么天真，把一切希望建筑在目前这种政体上，毫不觉得希奇。”

“这种地方由一个朋友说来可以称为天真，由一个×××××者说来，就应当斥之为腐败了。”

“当然只是天真了一点。”她忽然又问我：“今天我们什么时候去见×××？”

我说：“这个我也不明白。×今天应当先去看看，不管上午下午，今天必可见着。”

于是我们在雪地里来讨论见×××时的一切安排，到后来，朋友×也起床了。三个人为了商量这件事情，那么大清早站在雪地里，一直谈到九点方进屋子。为了某种原因，三人皆认为丁玲不在南京露面较好，故决定了去见×××时，只我同朋友×去。

就是这一天下午，我同朋友×两人，为海军学生失踪的问题，在×××的一个楼上小小房间里，见到了×××，我们大约谈了两点钟关于海军学生的事情。过这儿来本希望知道些关于这个人安全的消息，我们却在这两点钟内，约有四分之三的时间，皆在“民族主义文学”一名词的说明上消磨掉了。我又从×××明白了移种树木必把原来方向记清的知识，又从×××明白了另外一些与种树相去不远的知识。这谈话印象倒古怪的留在我的心上，因为×××的诚实处，是很稀有的，同时对于这类谈话，又是娓娓动听的。但我们原不是为了这种谈话而来南京的！我并不忘记我过南京的原因，可是在那种谈话中，使我忘却了在我面前的×××，是处置了××××一案的一个重要人。

朋友×坐在一旁也只有搓搓手，间或插一句把闲话。

直到末了我方有机会说几句话，我老老实实说出我自己的立场，以及这次为海军学生过南京的意见：我认为政府假若皂白不分把作家捉去当土匪治罪，恰恰和另外一时用三块钱千字的办法，带点儿慈善性质，办杂志收容作家算是文艺政策，同样极其不智。政府杀个把人并不算什么大事，只是××党中有见识分子，应当明白对于一个知名文学作家让他永久失踪，也可以算作××党的不名誉。第一件事我希望×××方面为把这个人找寻出来，第二件事我希望这人有了着落后若不缺少犯罪嫌疑，就把他交给法院，第三件事我希望从他口中知道海军学生究竟。

在这问题上大约我陈说了十分钟，他也解释了十分钟，末了得到了一个也算是预约的消息后，朋友×向我作了一个手势，我们便告了辞，互相拉拉手点点头走了。

回到×的住处时，丁玲把一封从上海来的快信递给我，这信是从上海丁玲所隐避的李 × 太太友人某寄来的。那信只两句话：

“× 号 ×××××× 案内有二十三个人业已在此枪决，不知你们在宁所得消息如何。”

我看了一下，把这信递给了朋友 ×。朋友 × 看了一下，又把它递给丁玲。

这眼睛大眉毛长的女子，看过了信，不说什么，沉默了一阵，却问我：

“见 ××× 谈得怎么样？”

朋友 × 说：“谈了半天文学问题。但后来却应允我们，只要海军学生不是 ×××，总有办法。”

“他没有说频已——”

“他说人若押解到南京时，他还想亲自同他谈谈。”

“让他去同频谈谈吧，不管怎么样谈，我们却应当搭十一点半的夜车回去，因为我们的人事已算是尽过了。”

为了安慰她，朋友 × 便说：“他说若有机会总尽力设法！”

她便说：“设法！那是什么把戏谁都知道！”

当夜十一点我们又上了火车回上海了。

十七

回到上海不久，我们从另一方面也得到过警备司令部有二十三个人被难的消息。有说这些人的去处，是在六号半夜，各用麻袋套着头颅，将运货汽车把他们当成货物一样搬运到黄浦江小汽船上，汽船驶出吴淞口后，被活生生的丢入江中的。又有说是十二号雨雪中，二十三个人押过南京后，在南京某处被枪毙的。又有说收拾这一群年青人，乃半夜里在龙华司令部监狱外荒地上执行，解决以后且即刻抛入预先掘好的土坑中，日子则为二月八号。

第一个消息从某报纸传出，这类残酷处置，为中国人使用也并不出奇，然这次事件却无从证实。第二个消息近于可信的事实，但当时即有人过南京去探询那一群牺牲者的姓名，且向有关系方面询问，结果虽证明了枪决过一批人，却不能证实其中有海军学生在内。只有第三个消息比较可靠。不过这人若果是八号解决的，那么九号在南京见 ××× 时，他不会给我们留下个预约，且根本就不必见我们。并且人既解决了，他们是应当明白的，总不能为一个业已枪决的人，来讨论询问白费两点钟的时间！

十八左右，我在我那宿舍里见着了郭女士，她还刚从广东取钱回来，预备用钱为她朋友向某人买些公道，她不久以前就见过××××部某同乡，从这两个广东同乡方面，她知道了海军学生业已枪决。且知道这一群年青人，其中有四个作家，两个女性，是从东方旅馆捉去的。

郭女士的同乡，把他所知道的原委一一说给郭女士，方知道人从租界移提过公安局后，某一方面当时就有电给上海市长，令在××示威的日子，全部当地枪决。因其中有几个知名青年作家在内，社会上正为此事深受刺激，上海地方不比内地，国际观听尤不得不使当局者作事加以思量。市政府方面既因为这件事有所踌躇，便用调查讯问牵延了些日子，于是这一群人犯便转过了龙华。龙华又接到同样执行死刑的电讯，那时×××正因为从飞机上摔下，在医院中将息，部中一切公文由一个参谋长处置，这人也不敢冒昧从事，仍用搜罗证据支吾下去，等候社会上对此事较淡漠时，再来解决。直到 ×× 日，恰是 ×× 方面预定开 ××× 大会的日子，又奉到南京来电，将二十三人全体枪毙。故就在那天黄昏时节，把一干人犯从监狱中提出，说是当天便应押过南京审判。事实上只把这些人暂行改押狱旁小兵营里，到下午九点四十分左右，便提出去过堂，还说一过堂点名后就上火车。到了审判时，犯人一一点过了名，那法官 ××× 就说“××× 部有电来”，把那电报读过后，又从一份文件上，诵读这一群年青人关于政治上的企图，如何与现行法令悖谬处，并且这种不承认当前局面别有打算的行为，还应受如何处分，也一一提到了。海军学生听说几人即刻就应枪决了，一句话不说，只向同伴凄惨的微笑着，且把头转动着，注意那些同伴，用温和眼光去安慰那些同伴。

于是二十三个手足为镣梏缠裹、口中被布片堵塞的年青人，十二个荷枪兵士，一个排长，一个监刑的副官，共同沉默地走到军工厂堆积材料的旧房子前面，把二十三个人编排在一堵土墙边，十二个兵士退后十步成一排，一声呼哨知会下，响了八十七枪，一群年青人倒下去，完事了，几个兵士方用手电筒晃着，解除了每个人手足的镣梏，且拖曳到数尺外白日里预先掘就的土坑里去，再把旁边柔软的泥土盖上。兵士们作完了事，便沉默的携着镣梏走了。

当解决这二十三个人时，正细雨霏微，到半夜落了大雨。

关于这事从监狱中在押的左翼作家 × 君的信上，也有过相同的报告。这个 × 君当天下午六点半，尚与海军学生拘押在同一屋子里，七点钟海军学生离开监狱时，还以为自己将过南京，故嘱咐 × 君带信出外边去给我们，要我们赶快过南京设法。且在当天半夜里，× 君和其他牢狱中人皆听到一阵枪响。但另外从狱卒来的消息，则又说这夜里枪声是枪决一批土匪，并非那二十三个人，那二十三个人，的确已押过南京某处，有人托护送兵士带信也送到了的。

得到这个消息后，我便同郭女士过 ××××× 李家去找丁玲，那时节天已渐黑，在李家的楼底下，见着了丁玲。她正在灯光下为小孩子调理奶粉，一见我们的神气，就似乎明白了郭女士来此的用意。但又似乎是每一个来看望她的朋友方面，皆能引起她这种感觉。

“请随便坐，郭小姊。”

郭女士却不即坐，走过小孩摇篮边去，逗弄小孩子，“样子真乖，四个月了吧？”

“三个月还不到！”

“一看是个男孩子神气，多可爱！”

“声音大，食量大，将来只好作工去！”

“吃奶粉吗？”

“吃得厉害！大人还来不及洗刷瓶子，他又饿了。一个小孩子真不容易照料，真是对于我们这种过日子的人一种嘲笑！”

她虽一面同郭女士谈着小孩，一面却在我脸色上找寻希望。我不能一开口就说出那个事实。我不便如何开口来报告这件事，就只好代她照料小孩，尽她去同郭女士谈话。

她们谈到用钱向某方面买公道的事情时郭女士就问：

“丁玲先生，胡先生怎样了呢？”

“都说完了，”说时她似乎不能抑制自己那点感情，就用做作而成的微笑，掩饰着自己。过后又问：“你听到什么消息？”

郭女士说：“听同乡说——报上不是说用麻袋装好那么抛到江里去了吗？不知是真是假，那么残酷，真是一群兽物！”

“也正有人说是一群英雄！”

“他们并不宣布罪状！”

“有什么可宣布的？牺牲的年青人正很多，内地各处每一天皆有可怕的屠杀，这里只二十三个，旁的地方不止十倍，你在广东，广东没有这种事情吗？”

“……”郭女士显然不能再说什么了。

我就说：“郭小姊从她那个批发公道的同乡方面，得到个新奇消息。”

丁玲望望我又望望郭女士，便说：

“我明白了，那事情实在了。”说时她赶忙走到小孩身边去，把小孩子抱起，贴到胸怀间，“我明白，我明白。你说，究竟怎么样？”

郭女士于是把从某同乡处听来的一切，再说给她听一次。说到几人耳听法官宣布南京拍来电后的沉默情形，大家都觉得心中被什么东西重重的戳了一下。

住楼上的李 × 夫妇，赶下楼来听新消息，听郭女士说及这件事，作太太的那一个，便开始愤恨的责骂起 × × 方面来，以为海军学生，既无罪可以宣布，不应得到这种待遇，即或被枪毙了，也应当尽尸主亲友知道尸骸所在，自己好去收殓，将来小孩子长大了，也知道还有个爸爸。并且说了不少类乎这种使人难过的话语。郭女士也以为既被杀了，就应当将被杀过的尸身交出，得弄出一个着落！两个女人自然都是因为不知道如何安慰身边的一个，方说出这些妇人儿女气话语。到后来某太太向我提议，问我们如何想法去安葬这个海军学生的遗体时，丁玲方抑制着悲痛说：

“这有什么用处？”她冷笑着，意思像在说：“死去的，倒下死去，躺入混和了泥土积水的大坑，挤在一个地方，腐烂了，也就完事了，找寻他有什么用处？我们不必作这种蠢事，费神来料理一个死人。我们应当注意的，是活人如何去好好的活，且预备怎么样同这种人类的愚蠢与残酷作战。如何活下去，又如何继续去死！”

大家没有作声，过一阵教授把手爬搔着他那颗光秃秃的列宁式大头，轻轻的说出他一个疑问：

“八号既发生了这件事，九号的下午，你们不是还在南京同 ××× 谈及海军学生安全问题吗？”

我说：“因此我对于这结果也就很可疑。若当时海军学生已解决了，南京方面不会不知道。若知道了……”

郭女士就说：“可是那个同乡他不会在这个消息上造谣，因为他无须乎如此造谣。他不认识胡先生，并且那案最后判决虽不经手，他却说明是在东方旅社被捕那一批人。”

不过在 ××××× 案件中，前后共捉了四十余人，但其中海军学生未必在场。然四十余人中只有四个是作家，二十三个枪决的也有四个作家，郭女士得来的消息，又似乎毫无可疑。总而言之从这方面与狱中通信方面，证明海军学生已并不拘留原处，这人的去处，有押过南京与就地枪决两种传说。没有更可靠的消息时，我们自然还以为人尚好好活着，对于这人的生存，抱了一分希望来寻个水落石出的较好。

丁玲当时还能显得极其安详，继续我们的谈话，自然也因为那一线希望还存在。但再过两天后，我为她过新月书店，去请问海军学生版税，从朋友邵洵美处，却得到了一个新消息。南京方面办理上海特务工作的某人，与邵洵美常有过从，洵美说某处也有海军学生业已枪决的消息，并且时间地址人数，与郭女士从她同乡方面听来的无异。一点希望在这方面便扭断了。这恶消息让丁玲知道时，她只说："我明白，我早就算定了的。"从她那神情上，还可以看出一点什么？她沉默，但却仿佛用沉默来说明她的意见，还是上一次与郭女士会面时一样的意见。"死的，倒下去，僵了，腐烂了，完事了。不死的呢？为了那个理想，便应当好好的活，不能活下去时，也决不逃避这种凄惨的死。生活就是这样简简单单一会事，并不需要如何烦难的解释！"她当时仿佛那么看得简单，此后也仍然看得那么简单，打发了两年日子。

当我把那点消息告给她时，正是我再预备过南京的前一日。作母亲的在这方面，显出了人类美丽少见的风度，只是沉默地把熟睡着的孩子，放到小小的藤制摇篮里去，小孩略微转侧了一下，她便把手轻轻拍着那小孩子，轻轻的说：

"小东西，你爸爸真完了，他的事情还不完。好好的睡，好好的吃喝，赶快长大了，接手做爸爸还不做完的事情。”

口中虽那么说着，声音却抖着，勉力抑制着她那激动的感情。

到后回头来凄凉的向我笑了一下，便低下头去，模仿男子的口吻，轻轻的骂了一句野话。我既然还预备过南京一趟，让 × 朋友在那事情上找出一点眉目，这一来自然就无须乎赶车了。我想不出一句什么可说的话。我只觉得死了的，既然在这个残酷与愚蠢的社会中死去了，死去的方式虽不相同，总而言之便是这个人业已死去，已无法再活回来了。问题只是还未死去的，应当如何来好好的活下去？并且如果还要自由的有意义的活下去，又应当怎么样方能避去目前的危险？还有这个生命不到三月的小孩子，有什么办法方可以莫让他饿死病死？这小孩子家乡中那个老外祖母，前不多久日子里，还寄了不少小东西来，且总希望一对小夫妇带了孩子回去一趟，如今若知道了这件事，是不是还活得下去？在那方面还没有得到上海凶信以前，这一方面又应当如何去安慰那老太太，且应当如何去哄着那老太太？我心中打量着这些问题，一时并不说话。

她于是把手边一张椅子，推送到我身边，幽幽的说：

“从文，你坐下来，我问你。你说的这件事你相信吗？”

“我可以不相信。但说那个的××，他亲自看过小胡的相片，那相片差不多就是多数人在那里最后一次留影的证明。并且同时南京方面的朋友快信，也正提到这一点。同时其他也……！”

当海军学生死去消息证实时，她在任何熟人面前，并不滴过一滴眼泪。她意思好像是：“眼泪算什么东西？在风中会干去的，用手巾可揩去的。”她因此对每一个来见她对她有所慰藉表示同情的人，还只是抿着嘴唇，沉默的微笑着，让各人在印象中，各留下一个坚忍强毅女孩子的印象。她努力不让自己为那点不幸弄衰弱，且努力把死亡看得简单。但她却是另外一种人。

几个极熟的朋友，就可以看得出她这种不将悲痛显出、不要人同情怜悯的精神，原近于一种矜持。她其实仍然是一个多情善怀的女子，而且也不把这样一个女子在这份不幸生活中所应有的哀恸抹去。但她却要强，且能自持，把自己改造成一个结实硬朗的女人。因为她知道必需用理性来控制，此后生活方不至于徒然糟蹋自己，她便始终节制到自己，在最伤心的日子里，照料孩子，用孩子种种麻烦来折磨自己精力与感情，从不向人示弱。当时她既不作儿女妇人的哭泣，便是此后在作品上，也从不做出那种自作多情儿女妇人的陈诉。

综合各方面的消息，证明了海军学生已经不会再在这个世界同他的朋友晤面后，余下的孤儿寡妇，此后的日子应当如何支持，乃成了当时待决的问题。

并且那时上海方面新的谣言尚在继续下去，各种小报常有关于此事捕风捉影的描绘，又听说另一方面，对于这孤儿寡妇，还有一种一网而尽的计划。×× 方面既作得出在毫无罪名可以宣布的情形下，把一群年青人用乱枪打死，则海军学生死去以后，他们是不是还会想方设法来处置这小小孤雏，真不能为这种 × 户预作回护。况且丁玲还正有人以为她已组织 ××××，预备在上海方面有所活动。种种谣言不单迷乱了 ××，好像同时就使 ×××××，也不很明白她的情形。×××××××，×××，×××××××，这并不希奇。×××× 也算是平常的事。李教授家也许会有人抄察，也许会同时把那一对贤惠夫妇，同一群很活泼的小孩子，全部捉到牢狱中去。

在这种情形下，丁玲恐怕累朋友，便不愿意长住在朋友家里，使那家人心中不安。她只想把小孩子交入育儿院，或近于这类地方，托人抚育，独自住到一个什么地方去，打发一阵日子。

那时节，恰好过去在北京时同他们便已相熟的朋友张采真，在武汉方面因同样政治问题已牺牲，消息正传到上海，且不久，从武汉逃回来的采真夫人同一个方满周岁的小孩，到了上海后，居然被人踪迹搜寻，在租界上还不敢露面。因此原来身居上海，且在×××××有些间接关系的她，此后生活应当作如何安排，自然也大成问题了。

湖南内地小学校长方面，从报纸上约略得到了海军学生失踪的消息，一再来信询问海军学生的下落。且说自己年纪已过六十了，极盼望看看这个新生的外孙。若果两人因事不能带小孩回来，自己便将准备过上海看看。

这种来信增加了丁玲的忧虑。若让老人来，一来各事弄明白，这个年过半百的人，如何担负得了这一种打击？若把小孩送回去，到什么地方去找寻这个海军学生来作伴送小孩回去？若要丁玲一个人回去，那么如何通过长江武汉长沙各处，且到了家中以后，海军学生所遭遇的一切，又将如何设法来掩饰下去？

海军学生入狱以来，在狱中每次递出一个字条，即需五元。在狱外的她，则奔走南京、上海，各处探听消息，以及种种耗费，早把所有向各方筹借而来的几百块钱用尽了。新的文章在这种情形下，既无方法从她手中产生，凡是可以设法的又都已想了法。假如母子二人还在上海住下，便必需有一住下的方法，若可以冒险送孩子回去，也必需有一笔够用的路费。住既无法可住，走又不能即走，我回武昌的时间已耽误了。故当我已决定不再过武昌时，我的住处一定，便权且成了那孤儿寡妇的安身处。住处虽仍在万宜坊附近，且是一个售卖杂货兼营俄式大菜生意的铺子楼上，来往的人极多，却很少为人知道。她一天除了照料小孩子不作别的事，除了晚上小孩子安睡后，间或同我九妹下楼过霞飞路去走走，便不常下楼。

左翼作家那时节则于各种压迫中，有些人已失去了原来的型范，正在那里转变。上海方面各书店，如北新、现代，皆从一些极小问题上，各被有 ×× 的 ×× 之类，一度查封，或用换一经理加入编辑为条件，或用接办杂志为条件，或另外孝敬什么股份之类，又复陆续启封。即此就有人于顷刻之间，就创立了民族文学的局面。这其间，如转变过来的，自然是自以为这一次已看准了题，再不会三心二意了。另外则有中立作家，在半推半就情形中，被逼到不敢不为某些刊物写点文章，撑撑门面。又有 ××××××× 的事。同时也居然有 ××××，××××× 的事。我们若明白那时代是什么时代，便不至于对于左翼文学的寂寞而难过，而对于民族文学的发展又还有什么怀疑了。但若果一个二十年来新文学史的记录者，若无限制的将这种来自上海的某一时节风气，与某种人的行为态度，而能极忠实的加以叙述，我知道有许多知名之士，在这种诚实叙述中，必将成为一种“不可思议”的人，或平平常常的四脚兽的。

海军学生的死亡，慢慢的在熟人记忆中失去了它的颜色，知道其事前因后果的，当时不便说或不愿说什么话，惟捕风捉影的传闻，则常常可从各小报或定期刊物上看到。对于死者已不能再说什么，便对于还依然活着的丁玲，散布无数不实不尽的谣言，增加她活着的危险与困难。或者说其人已过俄国，或者说人尚在上海有何活动，或者说她已同左翼作家某某同居，或者说……总而言之，则不过一群上海闲人，平日无正经事可作，在上茶楼吃喝之余，互相以口耳在一个入时题材上，所作的无聊传述而已。

十八

传说中还有孤雏业已被当局方面捉去，摔入阴沟里溺死的记载。在这分阴沉黯淡穷困迫逼的日子里，看了这些印在刊物上的记载，也就算是这个女作家一种可怜的娱乐。

日子一个连接一个的过去，二月完了，到了三月。住处马路对边的天主教坟园，清晨已有不知名的雀子噪叫。高出墙垣的树木，皆露了青。接近马路边那株桃花，枝梢缀了绯红的苞儿，一寒一暖便将开放。门外不远电车站，已有穿了崭新春服在那里候车的绅士淑女。我们房中的炉子，也渐渐的不许人过分亲近了。一切都在一堆日子中有所改变，人事亦复相去不远。

社会对这件事渐失去了注意的兴味，另外某一方面，似乎也不至于再作蠢事前来捉人了。她那时仿佛已自由了些，然而文章毫无出路，生活便也毫无依据。母子两人虽一同住在那三楼小房子里，对于安全问题不必担心，到底终不是一个长久的办法。从朋友方面借来的一点点钱，看看又快用完事。新的希望毫无。在小孩子哭哭啼啼中，作母亲的每夜常常得爬起三次两次，白天搓洗小孩尿布调合奶粉，又得占去这人大部分时间，文章纵或有一两个地方可以寄去，在这种情形下，究竟还能写出什么文章？

照情形看来，如此生活既决不能持久，自然得想出一种妥当办法来处置。最要紧的就是看看这小孤雏，究竟交到什么地方较合式？丁玲为这事情曾很费了些心思，作过各样的打算，到后还是因为无钱，一切打算全不适用。把小孩送往任何地方去总得预备一笔钱，这数目在平常人看来，实在十分有限，多一点不过一百二十块钱，八十九十也将就得过去，有了这点钱，一切就可以办妥了。但那时节我既不过武汉去，事虽不辞已不便再向学校领取薪水，在上海，则为了房租同伙食，单靠我每月那点不固定的稿费，已感到难于应付。她自己每次提起笔来时，不是为小孩子所扰乱，就是为某种隐藏在心中的感情所扰乱，实在无从着手。想把海军学生几本保留版权的书售给书店，当时却无一个书店愿意接受。

那时节，福建方面海军学生的家中，从报上已见着了关于海军学生失踪遇难的记载。作父亲的年已半百,三月前还有一个二十一岁的儿子，在福建军队中因战事受伤死去，如今又得到这个长子的噩耗，自然十分悲恸。他因知道海军学生丁玲还有个小孩，故特别从福州赶过上海来找寻丁玲，预备把小孩接回福建去。到上海后住在旅馆中已半月，各处托人探询丁玲的住处，毫无什么结果。有一天，在另外一个福建同乡处，却得到了我的地址，就请那同乡来见我，说老人家年纪业已不小，听说儿子死了，特别赶来看看媳妇同孙子，希望给他一个机会，让他见见那孤儿寡妇。

我把这件事告给了丁玲，丁玲明白这是为什么来的，虽一月以来成天只在打算把这小孩子交给一个陌生地方去抚育教养，但却不预备把他交给家中人。她知道小孩子送回福建，将来就不容易见面，且小孩子的教育，将来也难过问。但如果抱了小孩去见那老年人，到时说及这件事，或一被挟持，小孩就会被他们拿走。因此她个人独自去见海军学生的爸爸，且告给那老人一切的经过。并劝他赶快回福建去，不必再托人营救，因一切已无希望可言。对于小孩子的抚育，却老老实实告他，不适宜于让他带过福建。那老年人还明理解事，知道无法勉强，就请求丁玲给他一个机会，看看那个长孙。且说只需要看看，碰也不碰一下，就即刻可以买船票回福州。

但这作祖父的，却因为福州方面的电讯，报告海军学生母亲的病笃，赶不及同这个孤雏作一度晤面，便怀了使人怜悯的风尘颜色，悄然独自回返福州去了。

湖南方面小学校长又来了信，且对于海军学生的事似乎依稀也明白了一点，只催促少年夫妇赶即返乡。报纸上既有了种种记载，尽人皆知海军学生已无下落，小学校长来信还催促一对少年夫妇还乡，则由于丁玲的设计安排而成。

当海军学生失踪还不曾在报纸上作公开消息登载时，湖南的来信就十分关心那小外孙，总以为若不把外孙送回来，最好就许她亲过上海，那时节海军学生既忙着，写信回家的事，多属之于丁玲。海军学生失踪后，湖南来信询及，为了安慰这个老年人起见，除把稍前一时照就的相片，为陆续寄去以外，就照着那老年人所希望的消息，由我来代替海军学生，写过了三次回信。每次信上必加上轻松快乐的谐谑，以及惟那一家三数人所知的私事，办这工作时丁玲自然在旁加以指导与修正的。我们三人笔迹从一个专家看来，虽可以一目了然，明白它的差别处。但几人既共同习惯了用钢笔头在洋纸上抄写稿件，简单处草率处却正相近。并且在同样的一种纸张上，写上大小相等的字迹，所说的话全是那老太太所熟习的话，另外一方面，又正是那么焦心等着远地消息，因此这信一到，便照所希望的成功了。

海军学生死讯业已证实的晚上，我们还写了一个飞机快信寄过湖南去，报告一些小学校长所需要的消息。信上那么写着：

姆妈：得到你的信，你真会疑心。我近来忙得如转磨，冰之来信应当说得很明白，有了些日子不写信回来，难道就发生什么了不得的大事？不要看那些造谣的报纸，不必相信那些报纸上的传说，那是假的。谁来捉我这样一个人呢？除了姆妈只想捉我们回家去陪大乾乾说西湖故事以外，谁也不想捉我，谁也捉不了我。

小频身体好，一天比一天壮实，将来长大了，恐怕只有回来在辰河作船夫，占据中南门小码头，包送老祖宗来往桃源同西湖。西湖如今还与长江不通船，我明白，我明白，不必姆妈来说我就明白喔！可是二十年后，世界不会同今天一个样子，姆妈不相信么？小频吃得多，我也吃得多。我极想吃腊肉和菌油。家中的廊檐下，这几天太阳很好，一定还悬挂得有一个火腿，一块黄黄的腊肉，留给我回来吃的。姆妈，你等着，事情若不太忙，我会把小频送回来换这块腊肉！

我想远行，去的地方也许极远，因为……这些事冰之信说得一定很清楚了，不明白的你将来也自然会弄明白，这时我可不告你。我只预备回来时同你下棋。我的围棋近来真进步太多了，我敢打赌，我不会再输给妈了。

请替我们问大乾乾的好，说这里有三个人很念她，其中一个是乾乾还不曾见过面的，名字叫做小频。小频真是个厉害的小家伙，他那眼睛鼻子全像他那祖母，一个天生的领袖！

我这信简直写不下去，小家伙古怪得很，只麻烦我，其实他早就应当来麻烦姆妈了！……

崇轩敬禀

把信写完事了，我们相对凄然的笑着。

十天之内写过了三次这样的复信，都不曾为那个小学校长所识破。现在海军学生寄给他那岳母的信件中，有一部分也就是我们在上海那么情形下写成的东西。

这些信虽遮掩了海军学生的死耗，安顿了那外祖母的焦急，却更引起了那个外祖母一见外孙的希望。这边去信时，还同时把为时稍前三人所照相片附去，那方面便来信说，再不把小孩送来，自己一到四月，无论如何也要过上海来了。

得到这信时丁玲真着了急，不知道应当怎么办。那时她恰好得徐志摩先生帮忙，为向中华书局卖了一本书，得了一点钱，又从邵洵美借了一笔钱，我又从朋友王际真先生处收到了一笔钱，因此商量着，为图一劳永逸计，不如就冒一次大险，两人把小孩送回家乡，让这小孤雏折磨那老年的外祖母去。算算所有的钱作路费还不很够用，仍然把这件事决定了。

她看得很明白：一到了家中，母亲不见海军学生回来，必再三询问。女儿既回来了，又必不许她即刻就走。故几人就预先约好，若问及海军学生时，就说因为担心长江方面行动不大方便，方托我送母子回来。关于丁玲久住本地不方便处，无从说明，便预先拟好电报三通，写就快信七封，措辞皆肖海军学生口吻，在我们动身以后，嘱我九妹代为按照秩序拍发。第一电报告我们动身的时日，第二电祝贺我们到家的快乐，第三电催促丁玲赶快回申。各信意思则大略相同，在催促丁玲回申的信上，且带一点儿小孩子放肆而快乐的埋怨，那么说着：

姆妈，莫太自私，把女儿留下！快放冰之来上海同我玩几天，我们一别必需三两年方能见面！我走后她回来陪姆妈的日子长。你再不放她出来，我真的不高兴了！……

极可怜的事，便是我们回到她的家中，进了大门，在天井中一见着那白发盈头的老太太时，她什么话不说，只是咧着嘴痴笑，把那个我们安排好了动身以后方拍发的电报，同两封飞机快信，递给我们看，把小孩抱在手中晃着说着："世界上真只有你那爸爸急性，人还不回来，就电呀信呀催促妈妈回去，真是个急性的人！"我们也只有装成很快乐的神气，来阅看我们自己起草的电信，把电信看完后，也随着说："真真性急得可笑！"让她方好把话继续说下去。

还未动身时，长江中部的武汉，因为我极熟习，还不怎么担心。最怕的是到了家乡附近，有人认得我们，谈起话来倒极麻烦。我们从上海坐船四天方达汉口，由汉口搭小火轮，从干涸成一片平地的洞庭湖通过，又走了五天，方到达目的地。在小火轮上时，我们方明白我们所担心的事近于杞忧，她离开了那地方将五年，我却已有整十年不见那地方，轮船上的肮脏如昔，轮船上的人已完全不同了。抵常德县城时，那些河岸边的灰色圆油池，搁在河滩上的旧船只，浮在河面上的木簰竹簰，浮泛或停泊的明黄色小艇，一切尚如往年我由乡下军队中走出经过这里时所见的光景，但我却已不能找寻一张相熟的面孔，任何人也似乎不能认识我了。

在丁玲家乡那个水码头边，我们一点点简单行李，从离船到进城，总计不到一百步远近，便受当地驻防兵士施行过六次严密的检查。先还以为他们防匪防共那么办事认真，后来知道他们所注意的，还只是烟土同吗啡，以及私行贩运的军械。

当最后一次的检查过后，我们坐了硬胶皮轮子的人力车，在泥泞载道的街上走着时，各人皆充满了不可言语的感情。她把小孩用一条小小的白绒毯裹好，搂在怀中，自己却穿了一件为她母亲所欢喜的灰色棉袍。我的车子原在前面一点，回头来看她时，她仿佛很镇静的样子，且告我还应转几个弯，就可以到她的家中。

我们大约走了十分钟，车子便停顿到一个僻巷里黑色大门前面了，下车时，两人站在那门边，过了一会还不敢拍门。我担心一见到那老太太，丁玲若不能自持，事情就一准弄糟。同时又担心那老太太业已知道详细情形，一见到这孤儿寡母，大声一哭，我们费力筹划的一切，也就等于完全白费了。假若事情一戳穿，我们是不是还能很安全的离开这地方，就真成为问题！

但当她一手把小孩搂在胸上，一手去拍打家中那扇大门时，平日每遇最困难时就在脸上现出的那温和微笑，还依然在她的脸上。门开后，那开门的小丫头，认明白了回来的是她，便向里边嚷着跑去。我们于是在那进身极深的房子第二个天井前，见着了那个满头白发的老年人。

她手中握着先我们而到的电报同信函，快乐得同个小孩子一样，只是憨笑。先从丁玲手中轻轻甩去了小孩头上那毯子一角，见小孩正醒着。（小孩因为骤然见了光明，即刻做出嘻笑懂事的样子）那老太太快乐得手足只是发抖，便把手中的电信塞到我手中，把小孩接过手来搂在胸前，又埋怨又愉快同小孩子来说海军学生种种的性急处。

感谢天，并不多久，小孩子居然已躺到了那外祖母早已预备妥当的木摇床里去，我们把电信也居然看过一次，且听那老太太说了不少的话语，第一道难关显然已支持过去了。于是我们在堂屋里一个小方桌旁，用第一次早餐，吃那老太大手制的腊肉同菌油，一面吃一面受那老太太的种种考问。我们在一种从容不迫的情形中，又通过第二道难关。第三次是晚上，那老太太同丁玲睡在那架大床上去，我睡在她后面房里，担了一分心，深怕那女作家不能节制自己，半夜里呜咽起来，一切安排就完全白做了。但天明以后却听不着什么声息，我便明白第三次难关居然又被我们对付过去了。

这老太太实在太老了，为儿女们挣扎已耗尽了全部精力与一点点积蓄，我们认为她不应当为儿女们遭遇再加上一分折磨，便不能不竭力把真实处隐藏起来，各扮成极其高兴的神气，在那老太太家中住了三天。

这三天中，丁玲为了娱悦那个老年人起见，极力学做一个天真烂漫的女孩子，每天穿了她母亲所欢喜的衣服，把头发分开如中学生样子，吃饭时必逼迫我同那老太太干杯，又故意要吃种种家乡风味的菜蔬，吃饭前，且要我一同跟过厨房去，看那老太太炒菜。又用别的方法来哄着那个老年人，且故意生点小气，使老年人越麻烦也越觉得高兴。

在这几个日子里，我们不便说离开她，却自有从上海陆续发出的函电，迫促我们非走不可。那些信照例写得十分得法，俨然如平时海军学生对于这老太太的态度，顽皮处同焦躁处糅成一片，使那老太太想把我们挽留也无从措词。

小孩子每日所吃的奶粉，平时由丁玲自己料理，到船上她的精神支持不来时，我就帮同照料。到了家中之后，这老太太便无论如何不许旁人再来动手，一切皆得由她排调。冲洗瓶子，舀取奶粉，测验温度，莫不自己争着来作。半夜里小孩子有小小不舒服处哭醒了时，就赶忙穿衣服起来，抱了小孩在那宽阔房中打转。房中既异常宽阔，这老太太常很忘形似的，把小孩子摇播安睡后，还只是在房中转着，口中哼哼唧唧着。小孩子一哭丁玲必然也醒了，但想起床时，老太太却亲昵的叱着不许起床。眼见着这老年人那么慈爱，那么精神涨满的抱了小孩子不放手，却不明白上海方面的事实，丁玲自然非常伤心。但为了当时的安排稍不小心，不止所有计划成为白费，并且一为亲友方面知道，就会发生更严重的结局，故任何情形下我们总扮成快乐神气，不扫那老太太的兴。三天以后我们离开老太太回上海时，在船上我问她在家中是不是哭过。她说："我看见我妈抱了小孩子，只是在房中打圈子，口中还唱着哼着，且亲昵的骂频'忘恩无义，记不着我的好处，不回来看看，且不让小妈妈多在家中住一阵'，我好些回数真想大哭。"

"但你并不哭出声来。"

"我若哭出声来，什么事都弄不好了。我想哭，我不敢呜咽就用牙齿咬定被角。三夜那么过去，她一点也不知道！"我们一切的安排，原本就正是不让老年人知道那一家所遭遇的真实不幸！

十九

小学校长眼睛红着送女儿出门后，家中方面既有了一个消磨她那一分剩余母性小孤雏，全部事实一时又还不能明白，故我们走时，一面觉得她极其可怜，一面也猜想得出她此后生活必能从小孩子方面，找出一种自娱自慰的方法。

我们从常德坐了六点公共汽车到长沙，落店后，听说一切旅客都得需要一个保人，找寻熟人作保成为一个问题，于是即刻又把一点行李移到火车站去，搭了当夜快车直过武昌。二十五点钟后到武昌，因为下行船不很方便，留在武昌住了两天，在汉口江海关前面，看了一回采真临刑的地点，又过江到叔华夫妇住处去，同他们在后湖坐了三点钟的小船，买了些活鲫鱼，照了几张相片，还在他们家中吃了一次饭。

四天后，我们又掺入了上海社会里，成为半殖民地的上海市民之一，预备来过日子了。

上海出版界在政府拘束下，依然极其萧条，无从振作。左翼文学在压迫中已无法存在，民族文学则在讥笑中更不容易发展。各刊物在得过且过情形中支持下去，各作者莫不从大学校找寻生活的依据，教了一点儿书。

时间业已四月左右，我既已把过武昌作事的机会失去，住在上海生活又实在不容易应付。南京方面 ×× 月刊，由朋友某君的主张，要我去作编辑，且可以允许我把刊物自由发展下去，不受 ××× 拘束，不为任何有力方面所左右，只看我愿不愿意。我在回南京朋友的信时，答应过了这件事。我有我的打算。我想将这刊物在精神方面成为一个独立东西。在十二期刊物内，我将使读者对于十余年来中国文学的过去得失，得到一个较公平的认识。且将让读者从过去的发展上，认明白中国文学的将来宜如何去发展。我正在对历史发生兴味，相信文学论者从小说史的发展上疏解文学的可能性与必然性。这种从历史言论的讨论文学，一面可作左翼文学理论者一点事实上参考，一面也就正面的指示出所谓“英国绅士的幽默”、“本国土产的谐谑”、“小报式的造谣”、“黑幕大观式之说谎”、“捋撕揉扯旁人理论而来的大众文学主张”、“受官方豢养而来的三民主义文学”，如何不适宜于存在，以及一切流行趣味风气，如何妨害到有价值的作品产生。我预备作十二期的批评，每一期讨论一个问题。

但这计划因了两个人的意见而变更，到了五月，我却过北京了。那个女作家以为我的打算不啻“与虎谋皮”。徐志摩先生适在北京，却来信说：“北京不是使人饿死的地方，你若在上海已感到厌倦，尽管来北京好了。北京各处机关各个位置上虽仿佛已满填了人，地面也好像全是人，但你一来，就会有一个空处让你站。你那么一个人一天吃得几两米？难道谁还担心你一来北京米就涨价？”

五月十六日我便过了北京。当我们三月中旬从湖南回到上海时，朋友 ××× 转述来一点消息，说一个美国女记者很想见见丁玲。那美国人既是个 ×××，对于“中国反帝大同盟”国际上宣传，似乎尽过很多的气力。她原同朋友蔡咏裳女士相识，与我九妹也见过面。四月间，那美国人还来过我们那里一次，恰好我们不在家，无法碰头。到后又要她一个翻译来会丁玲，见过两次，约好了一个日子，丁玲便同那广东籍青年翻译，过西摩路那个美国记者家中谈话去了。

那一次与那女记者所谈的，自然并无什么重要性质。惟在半年后，这翻译被那记者辞退时，却为了这翻译已同丁玲合居。这一切都可以说是偶然的，综合这些偶然的事件，便产生所谓历史。

自从海军学生失踪后，熟人中如 ×××、×××、

××，与丁玲相知较深的，本来就莫不为这个人将来的生活怀了一分忧虑。大家都知道这个人文章写来胆量大，事实上却是个最老实最规矩的人。表面上看来这个人性情极强硬，事实上这个人却十分柔软。海军学生在世时，同她一处过日子，哄她，服侍她，不高兴时节又埋怨她，生气时节甚至于还捏了拳头来恐吓她，她已习惯了那出自南方人热情的一切安排。这不完全是一个故事上男子的爱情，却真是一个“人”的爱情。如今已把她从这分业已成为习惯了的生活拉开，将来怎么样？她那点力量，那一堆文章，莫不从海军学生同居生活中得来，如今那一个就此失踪了，这一个还要活下去，还想活下去，应当怎么样方可以活下去？

在笑话中她答复了朋友这个问题，她说：

“我也要讨个太太，同男子一样，要一个肯同我过穷日子，不嫌恶我，知道爱我能敬重我的人。你们男子图方便，找情人时多就熟人中去选择，我却预备要一个生人。”

她并不是要个太太，却实在需要一个女孩子作为朋友。倘若真有那么一个同伴，与她能在一处过日子，这女子既了解她，明白她的短处，尊重她的长处，又信托她，帮助她，且能用青春的美丽与天真来温暖她，两人合住下去，成为她感情的尾闾，她此后性情会不同一些，此后生活命运也会不同一些。

照事实说来，则这个世界上青年美丽女孩子，若有机会认识她，若有机会接近她，愿意同她住下的一定有许多人。她若在什么学校作教授，若在什么学校作学生，女孩子们爱她的，也必比为她倾心的男孩子数目较多。但最不幸处是她业已出了名。人既在那某种身分上出了名，同时大家就已经把她看成了另外一种人了。她愿意公平一点，得到所应得到的那分友谊，也永远无从得到了。欢迎她去演讲的，把她当成一个名作家来款待，却不把她当成朋友来款待。许多活泼女孩子，同她谈话时皆拘谨矜持；许多骄傲女孩子，在她面前时皆十分腼腆。这一来实在伤了这个女作家的心。

“这些年青人谁也不愿意作我的朋友，谁也不待得我稍好一点，本来是快乐的，一同我对面就矜持起来，本来有说有笑的，一同我对面就装得老实谨慎。原来我已被这些女孩子认为另外一种人物，不能同她们在一堆过日子了。你问我社会有什么不公平处，这就是一件我真真实实感觉到的事情。我认为这很不公平。因为我还需要她们那点友谊，要很多的人，如九妹同我那么要好，但我如今却得不到了。”

她这些感想并不写在她给谁的信笺上，并不写在她的文章上，却常常说着。但这是一种无办法的事情。一切“成功”原就包含了一分孤寂的因素。她的工作的独造，已使她离开了人与人之间的友谊亲洽的获得，而走入广泛的爱里去了。她只能让若干年青女孩子，在她那些作品上，发生温暖的感情，作者本人却已不能来同那些女孩子作朋友了。

那翻译恰是有着一个女性型模的青年，脸色白皙，衣帽整洁，缺少广东人的火气，却不缺少受过相当绅士教育的谨饬。躯干适中。不爱放口说谈，办事时见得大有条理，爱人时则显得忠厚无二。这种人若还有可以称为特别长处的地方，即是为人“稳重可靠”，这分长处若用在生活事业上，可以“办事”而不能“创业”。这分长处若用在爱情上，则可以称为“一个妇人合用的丈夫”，而不适宜于作“一个女孩子的情人”。

爱情上已没有幻想，事业上能独当一面的丁玲，在海军学生失踪将近一年后，同这样一个男子同居，原是十分自然毫不出奇的事情。她要做什么，他便好好的去做，要玩玩，总极有兴致的陪她去玩，要独自作事，不许他来相混了，他又很听命的走开。他并没有“热”，却永远是那么“温和”。一个年已二十六七岁的女孩子，又恰当这种年龄，失去了她生活中的伴侣，生命所需要的，原就是那么种温和！

二十一年的夏天，我过上海去看看几个朋友时，先在棉业银行第四楼 ×× 通讯社，见到了那个白脸青年，稍稍问过一些两人生活的话语后，又从他那方面，约定了丁玲第二天晚上在 ××× 相见。见她时我问她：

“两人生活怎么样，是不是还好？”

“有什么可说的？我们又不是年青小孩子。一切都平平常常，住在那里也同住公寓一样，白天各人有各人的事务，到见面时还互相十分客气，比老朋友们在一处时还客气。”

我说：“本来应当这样。年青男女无正经事可作，把日子消磨到恋爱上去，在爱情得失之间，发誓、哭脸、做诗、失眠，并不希奇。年纪大一些，便明白精力应得尽在社会方面去，不至于再来胡闹了。这不胡闹处从另外一方面说来，自然也就叫作平凡。”

她说：“但能够年青胡闹，也是有趣味的事！”

“他性情还好不好？”我说，“照我看来这人一切还好。”

“就正是性情好方使生活平凡。凡事很客气，凡事能原谅——你说，行吗？”

我没有可说的了，却想起海军学生如火如荼的性情。一点过去的记忆，使我感觉得十分惆怅。

海军学生同她从北京来预备过西湖去住家以前，那一幕战争的印象，还很鲜明的在我眼前。年青海军学生的种种，不单在过去培养过那圆脸长眉女孩子的灵魂，直到如今还应当作为这个女作家灵魂的温室与摇篮！

她见我不说话，仿佛明白我在思索什么了，便又说：“我老了，不要那些了！”

我心中却很肯定的说：“你这个人并不老。你到四十岁，于你生活最相宜的，还是你所习惯的那个海军学生的一切！”

二十

我过北京时，独自住在燕京大学租借的达园，我的九妹便陪同这个女作家住在上海。那时节，上海的空气慢慢的变了。海军学生的事，政府方面似乎明白了过去处置的过分，正极力在那里想把过去那点恶劣印象从一般人的记忆里拭去。丁玲在上海住下，已不必担心突然被捕。于是若干大学的文学会，皆有了丁玲公开演讲的消息。凡是来请她的，她明明白白知道那方面学生分子复杂，到那里去谈话放肆了些，激烈了些，说不定将来还会累及来邀请她的学生坐牢。但无论如何她总到场，去时既不如何预备，也不怎样做作，只洒洒脱脱的把想要说的话说它一阵，到无话可说时，这演说便结束了。

“演说”这两个字未免太严重了些，且那么充满了无聊绅士臭味，对于这个朴素老实湖南女子，实在不很相称。她欢喜的是二三知己毫无拘束的谈天，一切应对浸透了亲昵与坦白，且许可随随便便的，断续不一的谈下去。如今要她站到讲台上，同三百五百年青大学生对面，也还依然用得是那么一种谈话风度来演说，但听者却已完全不同了。所以从多数听讲者说来，对于她的演说是缺少所预期的成功的。不过若许可听讲者越过了一般演讲形式的藩篱，便能够从那演讲中，看出这女作家富于感情的气质，以及从那些略见滞塞朴讷无华的言语里，体会得到这个女子蕴藏着一个如何对于人类宽博容忍与爱好的心。

那时节她既不能用写小说来把自己生活支持下去，朋友中的主张多是：在上海教书既容易，有机会教书时，不如去教一点书。

但她却明白她自己不适宜于到学校中去讨生活。她欢喜大学生，只似乎为的是从他们那儿可以学许多，却没有什么东西教他们。她在五月末由上海写信给我说：

……×××、×××，都说我可以同白薇一样，不妨教一点书。我明白这种事情在某种人作来算不得坏打算，但我却太不行了。我不教书！倘若我当真还应当放下这枝笔，转到一份新的生活里面去，对于我相宜的，恐怕不是过大学去教人，还是到下层社会里去得点教训。

我这些日子东奔西走，忙于演讲，来听讲的照例总那么多人，话说完时还得被年青大学生围着，询问这样那样。他们都那么年青诚实和谦虚。可是人却非常感到疲倦了，尤其是当我从台上走下来，离开那些大学生时，说不出的一种空虚压在心上。这样年青人能从我这方面得到些什么呢？我又能给他们些什么呢？我很不高兴！我觉得演讲已够无聊了。

想像我这样的性格，真是使自己难过的性格。从明天起打算多写些文章，没有人印，没有人看，也得写。我最相宜的工作，还是不放松这枝笔！社会是那么宽泛的，需要各样的人在各样合式工作中，极诚实的干下去。勇敢的死需要人，坚忍的活更要人。我们只能尽我们的力，报酬再少，环境再坏，也必需支持下去！

这里已经很热了，都只能穿一件单衣。同九九看电影两次，不好。……

那时节那个翻译已开始常常来到她面前，作出“听候使唤”的柔驯忠诚神气，陪她出去玩玩，或陪她到朋友处走走。但这去两人合居的本题自然尚远。倘若这个女子，海军学生的失踪，碎了她的心，这个翻译在她面前时，她还是不会快乐起来的。不过她正为数月来的忧愁、惶恐、穷困、劳苦所包围，身心俱十分疲倦，为那翻译的殷勤处与忠顺处，于是一堆无法排遣的疲倦日子，却居然被打发走了。

六月二十三她给了我一个信，提及她办《北斗》杂志的计划。

……上海实在住腻了，心飞得很远，但只是一个折了翅膀的鸟，成日困在抑郁中。不过想到能飞去的地方，也不会成为怎样了不起的地方，所以就用“算了”作为安慰。只有任时间流来流去，流到完了那天就完了吧。下半年你教书我决不想教书，我觉得无味。现在有个新的小书店，请我替他们编一个杂志，我颇想试试。不过稿费太少，元半千字，但他们答应销到五千时可以加到二元或二元半，因此起始非得几个老手撑台不可。我意思这杂志仍像《红黑》一样，专重创作，而且得几位女作家合作就更好。冰心、叔华、杨袁昌英、任陈衡哲、淦女士等，都请你转请，望他们都成为特约常期撰稿员。这杂志全由我一人负责，我不许它受任何方面牵制，但朋友的意见我当极力采纳。希望你好好的帮我的忙，具体的替我计划，替我写稿、拉稿、逼稿。我们自己来总要比别人的好一点方好，你说是不是！？

我现在把我的计划告诉你，杂志为月刊，名还未定（你替我想想看！），每期约八万字左右，专重创作和新书介绍，最好能常常有点有“趣味”而无“下流气味”的小文章。坐庄的人全靠我自己（我愿将全力放在这上面）和你。

想多找些老文人的文章，尤其想多推出几个好点的女作家，如上述的几个，还有沉樱也很好。八月若赶不及出创刊号，九月也好。第一期或出一特大号，这样一定要有几篇长的好的大创作。我自己愿来一篇，你顶好也来一篇，你再好好的做一篇批评；单论一部书或一个人；这书这人都要有影响的才好。第一期，一定希望冰心或其他一人有文章登载。你最好快点替我进行，过几天便可登一预告，说是："丁玲主编的杂志，已有了这些已成名的有地位的女作家来合作"。这真是动人的新闻。我希望能得到他们的同意。事情还刚刚开始，一切计划皆不落实，你可多多为我想一想。上海的施蛰存我也要他的稿子。北平有什么新的诚恳的小文人，我们愿意不放弃他们。

我已在开始写文章了，我想有个刊物必可逼迫自己多写一点。

……

生活既那么沉闷，若死守在上海，一事不作，自然使远近朋友替她担心。既不愿意放下那枝特具迷人力量的笔，如今又恰恰有那么一个刊物来逼迫她写作，逼迫她作事，实在是个难得的机会。故当她把信寄到我手边时，我就为她各处去信，请大家帮她把这刊物办得热闹一点。同时且去告给她我对于这刊物的一切意见。我那时本已预备过青岛去作事，同时且估计歇两年手不再来写小说的。她的来信虽不妨碍我过青岛的计划，却似乎又非得把我停笔的预约毁掉不可了。

听说丁玲来编刊物了，高兴帮忙的人实在很多，冰心第一个就为她写了一首长诗，其他的人也先后把文章寄去。但我自己却不曾写什么。因为我觉得这刊物由她来编，必不许仍然如《红黑》月刊那么无所谓的敷衍下去，方成为一个像样的刊物。故我一方面为她向北平熟人讨取文章，一方面就去信告诉她说：

若刊物只是要几个名人做幌子，第一期有了那么一些篇章也很够了。若你以为真实的应当用这刊物来逼迫督促，使一般女作家的写作风气活泼起来，你是不是觉得你作编辑有些不相宜处?

我不轻视左倾，却也不鄙视右翼，我只信仰“真实”。在记海军学生那个篇章中，我对于一般文学的论战的意见，便说到过如下相似的话语：争持谁是正统原近于精力的白费，毫无裨于事实。若把文学附属于经济条件与政治环境之下，而为其控制，则转动时代的为经济组织与政治组织，文学无分，不必再言文学。若否认文学受两者控制，文学实有其独创性与独立价值，然则文学论者所持论，仍无助于好作品的产生。不问左右，解决这问题还是作品。一个作者接受了某一主张并不能成为历史上的“巨无霸”，他所需要的还只是对于他作品制作的努力！多数作者皆仿佛在少数“院派教授”与“新海派教授”、“绅士”与“斗士”一种胡涂争论下而搁了笔，且似乎非争论结果就不敢轻易动手。谁超越这个喧喧不已的局面，埋头傻干，谁就被谥为“无思想的作家”。什么“思想”？发洋财，或近于发洋财一类奇迹吧？对于奇迹的憧憬，一点侥幸感情的扩张，大致便是所谓“思想”了。中国自从辛亥革命后，帝王与神同时解体，这两样东西原本平分了这个民族的宗教情绪，如此一来“信仰”无所适从，现状既难于满意，于是左倾成为一般人宗教情绪的尾闾，原是极其自然的结果。因此具有独立思想的人，能够不依靠某种政体的理想生存的，也自然而然成为所谓“无思想”的人了！……

正因为这个原因，我在那时期曾轻视过文学，真打量过离开这份生活！在回她讨论新刊发展的一封信上，我说过一些近于牢骚的话语：

……

绅士玩弄文学，也似乎看得起文学；志士重视文学，不消说更看得起文学了。两者皆尊敬文学，同时把文学也俨然近于溺爱的来看待。文学“是什么”，虽各有解释，但文学究竟“能什么”，却胡涂了。我既不是绅士又不作志士，对于文学则惟只知在它的产生与产生技术，以及产生以后对于它在社会方面的得失而加以注意，我且注意到它的真实分量同价值，不许它把价钱开得太大，也就是不许人对它希望太大。一切基础皆固定在我知识上，而不在权威或时髦理论上。目前大家所争持的似乎同我毫无关系。他们既称为作家，我想想，假若我无法参加这一切理论的检讨时，是不是还宜于来接近文学事业，真成为问题了。

绅士骂不绅士，不绅士嘲笑绅士，这算是数年来文学论战者一种永不厌嫌的副题，我觉得真不必需！其实两者正差不多，就因为两者还是人，坏的一样的坏，懒的一样的懒，至于好的，也还是一样的好。造谣谩骂对于根本问题有什么益处？但若干人的成败，显然皆有从此处下手的情形，我觉得对于这风气无法攀援，故预备不再让自己在这事业上鬼混。照理说来，使一个人阔大不凡，实不在乎如目前一般人所谓有无思想，却只看这人有无魄力。一些无用的人，即或从小到大吃长斋，生来既无补于佛教的兴衰，死后也不会成佛。有些人毫无一个君子的品德，他却可以做出一些有益于社会人类的事业来。有气魄的人的沉默，比小小东西呐喊动人多了。你不觉得吗？为了社会正需要小麻雀吱吱喳喳，正欢迎小丑，我想离开这份生活，过几年再看看一堆日子能不能帮我们把社会习气修正了一些。

……

上海来信却说：

不要发牢骚，把自己的文章抄好，把熟人的文章逼来吧。这刊物，就正是想用成绩来修正一切海上习气的一个刊物！为什么不赶快把文章寄来？我问你。稿件你一定为我催催，顶好在七月二十号以前能寄来。我还欢喜同他们能够直接通信，你可不可以将我的意思告诉他们？我更希望他们能对于丁玲和善一点，亲近一点，没有事的时候，将丁玲当个朋友，同我在纸上说些不客气的空话。自从九九走了后，我连一个说话的都没有了！要人爱容易，找人玩也容易，然而要得到几个那么相熟、那么不拘束、那么可以发点小脾气的朋友可实在太难了。九九到了北京不为我写信，我难过得很！刊物取名曰《北斗》，这个名字你以为怎么样？

天气热，流汗使人生气。既预备过青岛，到了那里你看看，住得安稳，我想想我要来青岛玩时也容易多了。青岛海滩真美丽，抓起一把砂子，你就可以看出若干螺蚌的残骸。那是一本真的历史，不过只是用这些小小生命写成的历史罢了。我到过青岛，忘不了那个地方……

她并非忘不了青岛，还只是记忆着同海军学生从济南逃过青岛小住的一段生活罢了。刊物征稿在北方既极其顺利，南方似乎也有了许多朋友帮她的忙，故她生活似乎又乐观了一些。七月里寄信过北京时，感情便活泼的很多了。信上说：

……看见她们一些奶奶们都将要为我们这个杂志而重新提起创作的趣味，我觉得是非常高兴的事。她们或许要更来认真一下，努力一下，假使她们有了一点可贵的成绩，我觉得这也还是我们的成绩呢，所以我很快活。假如我能将她们一切已成的、过去的女作家们，已经为一种好的生活营养着、无须乎怎样去努力了的，还和一些新的、充满着骄气和勇气但不知道怎么样去努力的年青的女作家们联结在一块，于一种亲切的友好的形式下握起手来，无间无忤的往前走去，大家会在生活里面感到充实有意义得多！

我自己呢，自然得分外努力！我觉得，真是常常觉得，对我好的人太多了。我常常会为这些难过，会觉得太对不起这些人——这些并不在我面前而感到很切近的一群。他们爱我，他们喜欢我的作品，他们希望我——希望我更能写出些好的东西；而我呢，我觉得过去简直骗了这一批人。我的成绩还不应当得到朋友那么多的尊敬与爱好。我的力量有限，生活又那么一个样子，只能让别人失望！我看我自己的缺点，比什么还看得清楚，我只是个纸扎的老虎，现在好像完全怕人拆穿，怕失去一群人的好意，勉强把这纸扎的空虚囊袋填满起来，填的大部分却是稻草！一个人经验太少读书太少怎么行？我还得去学，若我有一分勇气，还应当放下这枝笔，再到另外一种人群里去学习！你说“我担心你在绅士方面的成功，将使你成为另外一个人”。我觉得没有一句相当的话可以表示我感谢你的意思。你说得是。不过，你放心，我不是希望在这方面得到成功的，我正惭愧在这方面的小小成功！

……生活就是工作，工作也就是生活，把自己精力凝聚在某一点上面去，是的，人人应当那么办！你且等着看，倘若我过去日子，真如你所说的“被不幸的命运绊了一跤”，那么，“应当爬起来再走”的气概，又回到我身边来了。我预备走，我明白，不走也不行啊！

这点雄赳赳的气概，是否能始终一贯的支配这个女作家的行为？而且这气概，是刊物的原因，还有其他原因呢？

从别一方面我稍稍知道了一些事情。对于这些远道传来的消息，本来我不能加上什么意见，但这消息若果不纯出于小报的谣言，则恰是她的新的迈步。同海军学生在上海参加××××，××××××××时相似。把自己信仰生活交给一个情人或一种主义，固然是两件事情，一个人在这方面需要自己考虑处，却同样严重。当海军学生在××××，××××，×××，直到被派×××××××时，我总觉得这个人还缺少对于自己能力与才气的认识，总觉得自己既不能认识自己，对于社会的认识就更可怀疑了。如今又似乎她到了应当认识较自己较多一点的时节了。我去信询问她这事情的究竟，来信却说："你为我担心的事我想不成问题。我不是很年青的人了，已经没有听一个男子在我面前说傻话作呆样子的趣味了。处世接物都不会给人一点所谓'女人'的意义，所以虽随便一点也不会给人误会，传说的种种是不会有的。你明白我，就也应当知道我不满意做一个'情人'业已多日了！"

我想起《马丹波娃利》这一本书。自然这是两个灵魂、两种典型、两份生活。但我不明白我为什么却不能把我当时的想像，安置到别一方面去。

我八月里过青岛后，上海的消息更不同了一点。我觉得事实并不令人惊奇，只是这个广东人代替了那个福建人，个人方面或有所得，社会方面却不免受了些损失。温室原只适宜于培养一点小花小草，至于十围的松树、百尺的楠木，不在大气中严寒酷暑里长养，却移到温室里去，实在是一种不可修正的错误！

但这是谁的过失？泥土的气息、白日的光，在人类本性上莫不各有一个共通的观念。爱的，谁不怀了一种期待？憎的，谁不极力逃避？但所要的何尝是可以自然而然得到的，近在身边的又何尝不恰恰是讨厌的？这世界上原有种种理由，使得每个人各自孤单的守在一小点上，把生命不吝惜的空费。一个为生活弄衰弱了的心，明白她的已无从再来服侍她。（海军学生用热情使她认识了“爱”，且用生死离别诠释权衡这个字的意义与分量，几年来的种种遭遇，使她业已厌倦了再拈着这个字儿来思索。）正为了厌倦，忽然有一个谨饬忠顺的男子，处处表示希望能够来照料她、侍候她，想同她在一堆过日子，这勇敢处同痴憨处皆使她只有苦笑，但苦笑之余，她自然就不让这男子再走开了。

她说：你明白，我不满意做一个“情人”业已多日了。新的生活想来还可以用得着那句老话。我当时想：在这方面她放下了缚束自己情感成为一束的努力，很平常的同一个男子在一处，对于她也可以说是很合理的行为。因此听到她的消息后，还很为她快乐。直到第二年后，在上海一品香饭店见及了她，我方明白我的估计有了一部分不对。为什么原因两人会同住下去，我并没有分析错误。至于两人同住以后的生活，我原本猜想一定很好，从事实上我方明白已弄错了。温室实在不是这个湖南女子应住的地方。

……人同天气一样，一天一天的焦躁和萎缩下来了，怎么办？我真像蠢了一些，像迟钝了一些。看不到什么好文章，自己也更写不出好东西来，恐怕真只好让比我年青的一些人赶上前去了！我常想起一些过去，温习那些过去，只有苦笑。……一个是死了，一个是那么无希望了，只看你的拼命吧。

日子，一堆怕人的日子呵，如何在毁我……

检查一下日子，她这个信是二十一年冬天寄到青岛的。去《北斗》的开办已一年又四个月，她同那朋友同住也将近一年了。

二十一

《北斗》产生与它此后的发展是截然不同的。这刊物若在北平出版，这刊物或可望如最初计划的形式，对于女作家一方面或者逼得出一些好成绩来。但这刊物却在上海出版，距离她所需要合作的几个人那么远，并且我不久又离开了北京，故这个刊物开始几期，虽然还登了些北方的文章，到后自然就全以上海方面作者为根据，把这刊物支持下去了。

《北斗》出到第五期时，有被扣留的事情，出到第十一期时，有查封消息。那小书店老板，被捕去过一次，也似乎就为这个刊物。这刊物到后来既并不能如原来计划作去，但在左倾一方面说来，也似乎还不如左联预期那么成功。原因是这刊物虽以上海 ×× 作家之群为场面上维持者，稿件的集收却异常艰难。能写文章的仿佛总各自有个理由不肯提笔，用不着提笔的却把文章趸来，来稿虽多，所需要的稿却极少。同时出版的书店，规模又太小了一点，不能使刊物于每期出版时登载多少广告。内地各处则因受地方当局一再没收查禁，寄给个人的虽间或可以收到，寄给书店的照例无下落可寻。（有些不相熟的人，因为无法得到这种刊物，还来信要我为他们想法。当我把这些信转过上海方面时，丁玲总为把刊物照所开地址寄去。）不过刊物虽极难得到使编者满意的稿件，出路又窄，但刊物给人的印象，却为历来左翼文学刊物中最好的一种。尤其是丁玲自己，对于这刊物的支持，谨慎的集稿编排，努力处与耐烦处，留给一般人一个最好的印象。

那时她的通信处多由这书店收转，因此那书店便常常有政府或租界的便衣侦探顾临，有时作为购买书籍，询问这样那样，有时便索性把一些外来稿件带走。此外且常常有那些很希奇的公务人徘徊，侦查她的来去，但她来时总仍然能很巧妙的把信件带走。有次她到了那小书店，被人知道了，离开书店两分钟，那书店就来了七个人。

她那么被人注意，不外乎×××××，××××××，×××。

×××××，×××，××××××××，海军学生若在，犹可说为了××××，×××××××。×××××，则不过××××××。但××××，××××也得××××，××××，××××××××！

一千个愚蠢，是那些还想把她逮捕来发一笔小小洋财的人。但这是上海啊！上海地方那么大，人那么杂，什么希奇主意不为人去应用过，什么门径不有人去钻寻过！？×××××××，××××，××××××××××。人家还想从谣言上找证据弄一笔赏格！

……有那么一回事，多少人皆不相信的，但事实却摆在那里，替他们全证明了。

我还在北京住下时，有个在辅仁大学念书的小朋友，同一个很爱重中国的年青美国人，为了他们所办的英文简报，平时即专以介绍点中国文学作品以及关于文学消息为目的。海军学生等失踪，中国人在麻木中忽视过去了，他们却觉得是一件不能过分忽视的事情，想为几个在中国混乱情形中死去的作家，特别出一期专号，要我们为他们用中文写点关于海军学生的一切，以便翻译成为英文。我答应了他们这种委托，因此写成了《记胡也频》那篇文章。等到文章写成时，谁知简报却已不能继续出版，那文章后来就寄给上海《时报》馆发表。这文章未着手以前，我曾写信去告她，并向她询问关于这种文章的意见。且以为倘若她能写，我就不再动手。来信时却说：

我目前不能写这种文章，我希望你写。可以少写些，这个人你明白的，三句话就可以说完。还有写时得小心一点，因为家乡那一个，我们还不适宜于把这个人的真实消息送回去！她还以为他在俄国，寄了一张小孩子的相片来，要我转寄过俄国！

到了青岛这文章快要写成时，我又去信告她文章的内容与字数。下面是她关于这本书第二个回信：

……记也频能准我看一看吗？我也常常想为他一生做一长传，然而一想到效果，便觉得太费力了。我这人真是个不合理的人，讲实利讲到这样子！不过我想我总可以写一点出来，在我个人对于他的纪念。但这是以后的事。如今你能写，我非常高兴。

这个信从上海发出的日子是九月二十九。到十一月二十九，却来了第三个信。

《时报》上的文章我觉得你太主观了。尤其是关于“一幕悲剧的写实”那一段。当日也频写时原本全是臆造，我不愿小气，不同他计较。而你又忘却你自己，用这作材料，无乃冤枉丁玲之至！

这本书从《时报》登载以后，拿过光华付印时，一切便是她所经手的。当时那篇文章在某一小节中，提到几个人在萨坡赛路搬家的故事，她觉得有了些错误，我以为她要改的尽管改正。但等到她把全部分稿件看过之后，大约她已看明白这错误并非我的疏忽，且在那本书尾的声明中，我又业已提出关于这本书的目的与得失。故当这书付印时，她便尽它还是照原来的稿样，不曾有所加减。但那个海军学生较长的传记，则大约因为她后来生活上的变动，出于她自己意料以外，就无机会再与世人相见了。

最后一次我们的见面，是在二十一年的夏天。我过苏州去有点事情，转到上海，从发行《北斗》的那个小书店管事人方面，问明白了她同住的那个翻译某通讯社的办事处，按时到他那地方去，就见着了那个业已与丁玲同居将近一年的××君。穿一件白纱反领短袖衬衫，身个子不高不矮，肩膊宽宽的，手臂短而结实。这人既衣履整洁，脸儿又白白的，一眼望去，还以为是一个洋行中的写字生与售货员。从身材上与眉眼间看去，不必开口就可知道他的籍贯不出福建广东。我把我的名字告给了他以后，他便显得十分高兴，问了我一些青岛方面的情形。当我同他谈话时，一面我就思索，我在什么地方或者会见过他。先施公司？永安公司？丽华公司？……中国旅行社？是的，我一定记错了人。但无论如何，把这一个放到那些地方去做点什么事情，实在是不怎么不相称的。但这个人却使我生了一分敬意，因为就言谈风度而言，实在是无可疵议的人物。就才具而言，

这人若不在 ×× 做事，却去 ××××× 手下做一个帮手，说不定比某某部次长还能干些。

可是不知为什么原因，一见了他我就有点疑心。仿佛这人脸就白得使人惑疑。

当我在青岛听说她快要同这个人住下时，我因为这关系来得近于奇突，写信给她，就告她一切必得谨慎一些。自己业已不是小孩子了，既明白各处全是陷阱，仿佛倏然而来的爱情，即或不是一种有意作成的陷阱，它将如何影响到她的事业，也总以多考虑些日子较好。然而她实在倦于拈起“爱情”这两个字来较量，出乎几个老朋友意外，也好像这出乎她自己意外，居然同这个男住下了。如今见到了这个人后，我那点疑心还依然存在。“脸那么白，如何能革命？”是的，我真这样疑心那个人。照我经验看来，这种人是不宜于革命的。

同他离开时，我便向他约好，请他转告丁玲，第二天过我住处去，时间最好是下午五点钟。到了那个时候，有人拍我的门，门开后，一个胖胖的女人，穿了一件淡蓝薄洋纱的长袍，一双黄色方头皮鞋，在门边向我瞅着。如非预先约好，我真想不起就是她。若这人在大街上粗粗的一眼瞥过，我是不会认识的。我们还只分手一年，好像变得已太多了。

她说："久违，从文。九妹好吗？她怎么不来？"说完时又望望身后那一扇门。我明白那是什么意思。

我问她："怎么，出门还不方便吗？还有……"

她不说什么，笑着，把手理着脑后的长发，在临窗背门那一张靠椅上坐下了。

"生活好吗？"

"就是那么过日子。"

"工作呢？"

"你在青岛才真算是工作，我们在上海，什么都无聊！吃饭，借债，冒了险去做些无结果的事情。"

"但我看你好像事情作得很好，听人说也是那么一句话。忙不忙？"

"混日子。日子太长了，也得忙碌些，方能把每个长长的日子推开。"她望见我桌上一个信封了，认得那种字体，是谁写来的，就来同我谈那个人，问我过苏州去婚姻有了些什么结果没有。我不想先就谈这件事。我又问她日子过得怎么样，且说及那个只见一面的白脸少年，他给我的印象并不坏。她就轻哂着说："一个忠厚本分的人，一个正派人。"

"一个体面人，一个绅士风度的——"

"不，许多方面还像小孩子呢。"

"那么，生活必很像个样子了。老实说，远远的想像着，我们为你很担心。"

"你如今见我那么胖，便应当'放心'了。"

"还是不很放心。日子就日常生活方面说来，过得怎么样？"

"同住公寓一样，各人每天有各人的事务，把时间安排到自己那份工作上去，晚上在一处，"说到这里她似乎有了些害羞处，停了一停便轻轻的说："我们都异常客气，同朋友一样！"

我们把话停顿了一会。我想起那个海军学生生前的一切。大约她也想起了海军学生，便感慨不尽似的说："人老了，一切看得都十分平常了。"

我说："看得平常一些，也许是把生活侧重在事业上面去了吧。你近来是不是——"她想避开这个问题不谈，只问我："在上海可以住多久？"且接着就又问我青岛怎么样，下半年预备在青岛还是预备来上海。

后来说到家乡方面的情形，方从小皮箧里掏出一张小孩子相片，相片的背面，一望而知是那老太太的手笔，很工楷的写着这孤雏爸爸妈妈的小名。小孩子样子业已长大了些，面目不大像小时节的神气了。见着了这相片同相片上的文字，使我记起一年前送小孩回家那一幕，记起到了她家中，在如何情形下看我们自己发出的信件，半夜里小孩哭醒时，那老太太又如何忙匆匆的爬起来，抱了小孩子满房子打转，把地板踹得轧轧作声。直到如今，这老太太把相片寄来，还将两个名字并排的写着，丁玲的回信，也就可想而知，每次需要多说若干空话不可了。一面还是把离得远远的一家人，紧紧的缚成一束，一面却是死去的业已早就死去，生存的又有另外一种生存方法，在这儿我不愿再谈下去，也不能再思索下去，故我们不久，又提到另外一些熟人生活来了。

说到白薇的病，说到 ×× 的文章，说到北平教书匠 ××× 与 ×× 的各种故事，说到上海许多每星期开会作家的种种。

后来问她《北斗》情形，她就说没有方法得到合用的稿件，也没有方法使它不至于被禁止。因为《北斗》稿件，她告给了我一些左翼方面的事情。因为提及新作家，她告给我一个湖北女工人所写的小说，登在某一期上，要我看看。因说及文章，我问她自己的文章，她就说：

"我有时真想摔了这枝笔。思想越来越沉闷，感情越来越懒散，提到生活，生活到连自己有时也十分怀疑。虽仿佛明白了怎么样来活是最合法的，但人总是人，并且自己底子是那么一个充满了感伤气息的脾气，虽在自己一份工作上，不敢懈怠，但总好像还缺少点什么东西，方能很倔强的支持下去。我们家乡河街上铁匠铺，打刀时每一把刀都应当安点儿钢方能锋利，像我们这种人，也得想方法安点钢！"

我说："照我看来这话也只是你在老朋友面前说的话。一个人在熟人面前，原本就好像特别软弱一点。但当你只是一个人独自在一处时，你不会那么想的！"

"这自然的。可是一切的倔强，一面是环境造成，一面也似乎是本身性情造成。我以为我的性情，只是……"

我对于这个问题不置可否，只想起海军学生生前给他的一切。一只鸟儿若根本无一个固定的窠巢，她得到一个可以安顿她的身心的地方，她很快的就会弄习惯了。但这只鸟若住在某一处业已多年，忽然却改了一个新窠？新的地方即或能使她温暖，必仍然不能使它不寂寞的！

但是一切人各有自己一分命运，性格强一点，所负的重量也就多一点，性格随和一点，便无往而不宜了。她的性情表面上看来仿佛十分随便，灵魂却是一个地道农人的灵魂。为了服从习惯重义而轻利。为了与大都市的百凡喧嚣趣味不合，故大都市一切，凡所以使一般人兴奋处，在她便常常感到厌烦。她即或加入了左翼运动，把凡是她分上应做的事，好好的尽力作去，但到了另外一时，使她能够独自温习她的一切印象时，觉得浅薄讨厌的人，也许就正是身边那几个人。她认识这个社会制度的错误处与矛盾处，以及这个社会中某一阶级，某一问题，某一种人心灵，所有的错误与矛盾，控制支配她的信仰与行为的，还是她那一分热情。她自己便是一种矛盾，这矛盾如同每一个农民把生活改移到都市住下时同样的情形。即或活得再久，即或在那里有作有为，这工作是不是她真正要作的，总留下一个疑问！她批评她自己说："我可惜不读点哲学书，因此纵不缺少把自己加入社会生活的热情与理想，但我却不能认识自己，不知尊重自己，实在说来就是缺少了一点自知之明。我看来单纯其实并不单纯，但复杂又并不使我复杂到如×××。我在各种生活各样人事上，训练过我的感情，但从不在一本书上训练过我的理性。一般人称赞我，我自己却决不原谅自己的短处！"

……

我们又谈到关于"一·二八"上海战事的一切情形，当战事发展时，她到了前线去做了些什么事情。还听她述叙当日关于徐家汇有组织的罢工，关于×××××，×××××××，关于××××××许多问题。

她谈及这些事情，我总感觉到一点儿莫可名言的忧郁。把她的一份生活经验同本来性格两相比证，仿佛使我读了一本悲剧的上半部。我把这本书暂时覆着，不及翻阅，先去猜想那结局，我沉默了。

一个人原自有他自己的那一分，别人的选择是毫无用处的。我不劝她读什么哲学书，也不劝她如何努力去为理想而把她自己弄得更坚强起来，只问她家乡小孩需要些什么，我当买一点寄给那老太太。且问她要不要买点应用的东西，譬如衣料、袜子、稍微好看一点的手巾，可以同去买来。这些东西在过去一时，这个女作家显然是并不怎样疏忽过来的。

看看她那身装扮，我有点儿难过，说了一句笑话：“一切记忆还很年青，人也不应当比印象老得太早！”

她便苦笑着说：“我什么时候年青过？”

她于是重新同我谈起家住苏州那个脸庞黑黑的女孩子。这个女孩在吴淞一个大学读书时，她便为我特别在吴淞看望过一次，故同她也有一面相识。那女孩子原很欢喜她，且尊敬她，我告给她我这次来苏州一些新鲜事情后，她笑了，带了一点儿嘲谑的态度，在我面前称赞了另外那个黑脸女孩子许久。

两人分手时皆说，“过不久再见”。且估计着：冬天我不能过上海，隔年春天她或者就可到青岛去，看我同我的九妹。

日子过去了。

同一年的冬天十二月，我再从青岛搭车过上海，在苏州把那个黑脸女孩子邀过上海去看她，到她所常来往的 ×× 教授家中询问她的住处，却无什么结果。第二天，因为青岛方面的来信，我们便匆匆离开上海了。一到青岛不久，接到了她的来信：

> 在 ×× 家里听说你同你那黑脸的未婚妻来了上海，找寻我却找不着。我以为你们还会再来，等了三天，还不见你们，这真是残忍的事！为什么不来看看我？住在上海说话的人太少了。又不能离开上海。青岛地方好，几人玩得很好时，莫忘记另外地方的一个朋友。

她在上海没有像亲戚中兄弟姊妹的那么一种朋友说话，大约也是一件真事。一个年纪轻轻的人，有幻想，有梦，在情人面前，在同志面前，会用对于未来的空话，把自己同对面一个人的生活，很轻快的过下去。如今的丁玲，照她自己说来也不是那种人了。一点幻想一点梦，在一切经验下早已全被压碎了。即或 ×× 方面，事务如何紧张热烈，总是不行的。即或同志再多，但人与人之间，却缺少把某种感情粘附起来的友谊。正似乎为了寂寞，她便为自己弄得许多责任，这责任若经过一度处理性的抉择，则在得失之间稍稍加以取舍，必需作的就作，用不着担负的就摔掉，同时自己也就可以轻松自由了许多。但她并不较量这种堆积到身边的义务。故要她为 ×××× 捐款不推辞，要她为 ××× 过工厂去 ×× 也作，要她编一本关于创作的书作为供给 ××××××× 的用费，她毫不迟疑答应了这件事，要她把熟人若干私信集起来，为 ×××× 筹一笔钱，她不管如何，又把这事情办妥了。在义务中打发了若干日子，糟蹋了不少精力，她不觉得苦，也从不抱怨谁。危险的她不吓怕，麻烦的她不厌嫌。她极力去学负责，极力去学做事，就为的是只有那么过日子下去，她方可以把自己那点生命中的活力磨尽。这点生命的活力，有若干人是在一份很幸福的爱情中，或一种很亲切的家庭生活中，或某种庸俗的交际中，以及一切不同事业中，被慢慢的消磨，随了日月的交替，成为社会历史的陈迹的！

似乎正为了那点活力，在一切事务中还不能使她安静，她三月里给我的一个长信中，还有那么一段话语：

爱情是一个可笑的名词，那是小孩的一些玩意儿，在我看来感觉得有些太陈旧了。一个二十五岁以上的人，若还毫不知道羞耻，把男女事看得那么神秘，男的终日只知道如何去媚女人，女的则终日只知道穿穿衣服，涂脂抹粉，在客厅中同一个异性玩点心灵上的小把戏，或读点情诗，写点情诗，消磨一个接连一个而来的日子，实在是种废料！这些人不敢去思索自已对于社会的责任，有的由于愚蠢，有的却由于狡狯，亏他们总找寻得出一个逃脱责任的理由，说出来时却又俨然极其合理，我正想写一本书，写一个与这种通常人格截然相反的人格，这个人比目下许多人也许还更懂得做英美公民的权利和义务，但同时她也看得极其清楚，在如今的中国，作一个真的好公民，义务方面还有一些什么事。我预备把她坚实卓大的性格写出来，且很残忍的让她在一切不幸的下贱生活里去受折磨，还让她在那一点为真理而有所寻觅的路途中死去，你能不能贡献给我一点意见？

这是一个问题，由我方面作成的答案，只是：

你尽管写去。照你打算作去，这就是我的意见。这个社会这个民族正需要的是这种人，朴素、单纯、结实、坚强，不在物质下低首，也不在习气下低首，她即或不能如贵妇人那么适宜于在客厅中应对酬酢，只许可她贴近这个社会最卑贱的一方面，但因此她却见了多少日光下头的事情，自己的心也就为这真实的大多数人类行为而跳着，有什么理想，就是‘怎么样把大家弄好’，不是‘怎么样把自己弄好’。这种修正历史的行为，决不是一个人做得了的工作，为了使这工作另一时在这块地面上还有继续的人，把第一个结束在一个寂寞凄惨的死亡里，也是必然而且必需的事情！

……她自己是用她的生死作成了这样一本故事的缩影的。

这本书似乎正等待另外一个人去完成。我希望中国不久就会有那么一本巨著，出自一个女性作家的手中，若这作者还缺少所要写的那一份生活上的经验时，便先去得到那份经验。一切东西必在日光雨露下方能生长，一个人也如此！有多少活人，现在虽好好的活着，我们总仿佛这个人多一个或少一个，对于社会毫无关系。但有些人死去了一百年或一千年，却使我们尽怀想着不能忘记。她告给我们的是“活的方法”，要做一个活人，就得去日光下学习，不怕死，且明白应如何把自己的力量搀入社会里去。

……

二十二年十二月十三成于北京

二十八年七月二十六补校于昆明

这部作品曾以《记丁玲女士》为题，于一九三三年十月九日到十二月十八日间，首次在《国闻周报》连载发表。一九三四年九月，良友公司出版单行本时，改名为《记丁玲》。由于政治原因，《记丁玲》只出了全文的前半部。直到一九三九年九月，才以《记丁玲续集》为题，出版了后一半的单行本。除作者本人的少量修改外，两个单行本均再次受到图书检查机关的大量删改。在相隔近六十年后重印这部作品时，我们以《国闻周报》文本和两个单行本相互参看比较，在保持作者本人对作品的文字补校修改处的同时，恢复了由于政治原因在单行本中被删改的文字，并保留着上述两文本中无法核查原文的那些被删削痕迹。校订稿全文，请张兆和先生校阅过。

——编选者

1992年7月25日

《记丁玲》跋

两年前，我在《记胡也频》一文末尾跋语上，写了那么几句话：

> 这里所记的，只是这个人怎么样活到这世界上的过去生活，关于他的文章我没有提到，关于其余一切，也保留给他的朋友丁玲女士另外一个传记去说的。

因为当时我所记下的，只多就我所知道的这个人的生活而言，虽不一定是最光辉的一面，却实在是最人性的一面。那文章并不在叙述一个革命作家的英雄性与神性，却记录了他表面生活发展的秩序。同时且把他的同伴丁玲女士与我自己，也占去了篇幅一部分。由于那时的环境不同，记载上有些故意作成的疏忽，最明白他的只有丁玲女士，故我当时不过似乎用一种平实稳定的线，为那海军学生性格灵魂作上若干素描的勾画，画出一个淡淡的轮廓。他的位置也不凝固于某一点上，有时似乎比我们重要些，有时又似乎比我们不重要些，至于那个调子明朗有血有肉的刻像，是希望从丁玲女士笔下写成的另外一个传记里产生的。

但不幸得很，这第二个人如今又凭空失了踪，且仿佛仍然得在失踪的结论上消灭，永远不会再到日光下出现了。

我现在又写了些关于这个新近失踪作家过去生活的细事，我所写的自然依旧不过这人表面生活发展的种种。关于这个人另一部分生活，是不是还能希望有这样一个熟习她生活的人来为她写点什么？想起来真使人无限惆怅。

我们皆不应当忘记，这两个作家，是在中华民国党治独裁的政体下，因个人政治思想与政府相左，两年内先后突然宣告失踪的。他们虽生在有法律的国家中，却死于莫名其妙的境遇里。政府对于这种失踪，仿佛毫无责任可言，只推诿为并不明白有这件事，且绝不承认有这种事。对于这件事情既不是政府的责任，也不算国民党的责任，那么，应当归谁去负责?

读者们，一个稍有生气的作家，在商人与政府两方面的摧残中，他们不是饿死便是杀死，这些现象在中国的今日是很平常自然的，你们先前不明白，如今想来也明白了。他们的朋友只有散布于国内各地方的你们，他们是为你们的原因，生时过着极艰难的日子，到后来还为你们很悲惨的死去的。他们的努力，只是为了“这个民族不甘灭亡”的努力，他们的希望，也只是“使你们不作奴隶”的希望。他们死的陆续在沉默中死掉了，不死的还仍然准备继续死去。他们应死的皆很勇敢的就死，不死的却并不气馁畏缩。只是我想问问：你们年青人，对于这件事情，有过些什么感想?当不良风气黑暗势力已到一个国内外知名的文学作家可以凭空失踪，且这作家可以永远失踪，从各方面我们皆找寻不着一个能为人权与法律的负责者，也找寻不着一个为呼吁人权尊严与法律尊严的负责者时，你们是不是也感觉到些责任?

我这篇记载，并不仅仅是为你们叙述一个作家生活中细末的哀乐，供给你们一些新鲜见识。我虽简略地告给你们，这个作家生来如何不辜负自己的日子，如何爽直、勇敢、活泼、热情，到这世界上来打发每一个日子，当各种不幸围绕到她身旁时，她又能如何坚毅沉着支持下去，当政府同商人既一面在合作情形中提倡一种腐烂民族感情糟蹋民族精力的消遣文学，一面又毁灭摧残这种有希望的作家时，这人终于便在如何悲惨境遇中死去。但我的意思，却是要你们从这个人的际遇中，明白你们自己所在的国家，是个什么样胡涂愚昧的国家。活到这种国家中，年青人不止感到死亡无时的可怕，也应感到安然而活的可羞。你们若知道沉默是你们的耻辱，你们就应当用各种抗议方法，来否认这个现象。

一个前进作家他活下来时，假若他对于人生还有一点较遥远的理想，为了接近那个理想，向理想努力，于生活中担受任何不幸，他是不至于退缩的。他看准了他应取的方向，他对于他的牺牲便认为极其自然。他相信光明与正义所在，必不至于因为前面怵目惊心的牺牲了，就阻止了后面赴汤蹈火的继续。他明白一页较新的历史，必须要若干年青人的血写成的。（同这个社会种种恶劣习气作战，同不良制度作战，同愚蠢作战，他就不能吝惜精力与热血！）他们力尽气竭后，倒下去，僵了，腐烂了，好像完事了。在一般人记忆中，初初留下一个鲜明活跃的影子，一堆日子也慢慢地把这些印象弄模糊了，拭尽了。可是，他们却相信，他们强悍的生、悲惨的死，是永远不会为你们年青人忘掉的！

你们呢？是不是就震于威势低首暴力，对这件事不闻不问呢？死去了的，固不需靠你们争回他们再活的权利，因为这分权利他们已得不到了。但你们自己，若还愿意活下去，且希望好好活下去，必须像一个人那么活下去，决不像一个不刻记号的奴隶那么活下去，在这种法律失去尊严生命毫无保障的国家中，是不是也稍稍觉得有一分羞辱？……

我在记述两年前失踪的海军学生那个小册子上，还那么说过——

> 一个人他生来倘若就并不觉得他是为一己而存在，他认真的生活过来，他的死也只是他本身的结束。一个理想的建筑，在那方面坍毁了，还适宜于在

这方面重新打下基础。……这个人假若是死了，他的精神雄强处，比目下许多据说还活着的人，还更象个活人。我们活到这个世界上的，使我们像一个活人，是些什么事，这是我们应当了解的。如今重抄下来，作为国内关心她、同情她、来读这本书的年青朋友一点贻赠。至于这个人，她哭过，笑过，在各种穷困危难生活里将一堆连续而来的日子支持过，终于把自己结束到一个悲剧里死去了。她的作品与她的生活，皆显示天才与忍耐结合而放出异常美丽的光辉。她赠给年青人的希望和勇气，应当已经够年青人立起来做个结实硬朗的人的分量了！现在这个人是业已传说被杀了的。这个人倘若当真已经死了，她也并没有死去，因为在你们此后生活里，就可以发现她的精神同力量还仍然继续存在。用文字来写出她的生活以及她的理想，已找寻不出什么人，但你们年青人，尤其是女子，我希望在另一时，却能有用自己的生活，来证明这个作家的理想的。

一九三三年六月，于青岛